KB176083

기적의 멘토링

아슬아슬했던 김 과장을 살린

기적의 멘토링

초판인쇄 2019년 7월 5일
초판발행 2019년 7월 5일

지은이 김준성
펴낸이 채종준
기획   조가연
편집   박지은
디자인 서혜선
마케팅 문선영

펴낸곳 한국학술정보(주)
주 소 경기도 파주시 회동길 230(문발동)
전 화 031-908-3181(대표)
팩 스 031-908-3189
홈페이지 http://ebook.kstudy.com
E-mail 출판사업부 publish@kstudy.com
등 록 제일산-115호(2000. 6. 19)

ISBN 978-89-268-8853-7 03320

이 책은 한국학술정보(주)와 저작자의 지적 재산으로서 무단 전재와 복제를 금합니다.
책에 대한 더 나은 생각, 끊임없는 고민, 독자를 생각하는 마음으로 보다 좋은 책을 만들어갑니다.

| 아슬아슬했던 김과장을 살린 |

기적의 멘토링

Miracle Mentoring

김춘경 지음

이담
Books

프롤로그

살아야 할 이유를 아는 사람은
거의 어떠한 상태에서도 견딜 수 있다.

― 프리드리히 니체

가벼운 우울

행복하지도 불행하지도 않은 날들을 보냈습니다. 그러다 문득 '이제 그만 살아야 되나? 그만 살까?' 이런 무서운 생각들이 밀려왔어요. 구체적인 계획을 가진 건 아니었습니다. 딱히 죽고 싶다기보단 그냥 내일 아침 태양을 보지 않고 이대로 영원히 눈감고 싶은 느낌. 사는 게 뭔가 싶고 이렇게 아등바등 살아서 얻는 게 있을까, 그만한 가치가 있는 걸까 싶었죠. 누구나 그런 시기가 한 번쯤 있다고 하지만 당시엔 제법 심각했습니다. 한 번 이런 상념에 빠져드니 걷잡을 수 없을 정도로 상태가 좋지 않아졌습니다. 밤에 잠이 오지 않고 입맛도 없어지는데, 우울증이 별게 아니라 잠 안 오고 입맛 없이 좋지 않은 생각만 지속되는 게 우울증이었습니다.

여느 날처럼 삶이 무의미하다며 이대로 눈감고 싶단 생각으로 밤잠을 설치고 있을 때였습니다. 언제 잠들었는지 꿈을 꾸는데, 그간 생각해온 것들이 투영된 건지 누가 나의 목을 강하게 조르는 것이 느껴졌습니다. 숨이 막히고 말이 나오지 않는데, 아이러니하게도 그런 상황이 닥치니 굉장히 살고 싶어졌습니다. 도저히 말이 나오지 않던 중 "사, 살려주세요…" 한마디를 겨우 내뱉었습니다. 그러자 조여오던 목이 스르르 풀어지면서 꿈에서 깨어났습니다. 잠에서 깬 저는 피식 웃고 말았습니다. '아니 그렇게 죽고 싶다 생각한 놈이, 막상 죽을 상황이 닥치니 그렇게까지 살려고 발버둥치냐?' 스스로가 우스웠습니다. 아직까지 나는 '살아 있음'을 갈망하고 있구나. 생에 대한 욕구가 남아 있구나 싶었습니다.

'다음 날부터 저는 삶에 대한 의욕이 솟구치며 주어진 일에 최선을 다하는 의욕적인 사람으로 살게 되었습니다!' 라고 한다면 그것도 참 괜찮은 결말이겠지만 사실 그 이후로 삶이 극적으로 바뀌거나 하진 않았습니다. 여전히 30대 중반의 남성으로 대한민국 지방에 거주하는 중견기업 과장이었고, 우리 부모님의 아들이자 아내의 남편, 아이들의 아빠, 친구들의 친구 따위의 낱말들이 사실상 저를 구성하는 전부였습니다.

멘토가 되어 멘티를 만나다

2018년 새해를 맞이해 회사에서 멘토링 제도를 개설하였습니다. 멘토링은 선박에서 근무 중인 대졸 초임 사관들과 사무실에 있는 과장 이하 직원들을 연계해서 소통하는 프로그램인데, 처음 소식을 접하고 멘토로 배정되었을 때 그다지 반가운 기분은 아니었습니다. 별도의 인센티브가 있는 것도 아니고, 심지어 살짝 성가신 느낌마저 들었습니다.

멘토링 제도가 마련되기까지 회사 나름의 계기는 있었습니다. 요즘 사회적으로 문제가 될 만큼 청년들이 희망을 갖지 못하고 스스로를 포기하는 경우가 늘고 있는데, 이는 선상(船上)생활도 마찬가지여서 고립된 환경과 막중한 스트레스를 견디지 못하는 후배들이 생겨나기 시작한 것입니다. 저 역시 사회생활 초년을 바다에서 시작하면서 후배들의 고충을 조금은 알기 때문에 안타까운 마음은 있었지만, 그래도 멘토 배정 소식이 그리 반갑지만은 않았습니다.

우선 나 자신이 후배들의 본보기가 될 만한 인물이 아니라는 생각을 했고, 후배들이 그릇된 마음을 먹었거나 도움을 요청해올 때 마음을 고쳐먹도록 설득하거나 최상의 해결책을 마련해줄 수 있을지에 대한 의구심도 들었습니다. 썩 탐탁잖은 마음으로 멘티 후배들의 인사 정보를 받아보았습니다. 이 친구는 이런 곳에 살고 저 친구는 저런 곳에 사는구나… 한 사람 한 사람 천천히 살펴보기 시작했습니다. 인사부서에 계신 분들이야 지겹도록 들여다보는 게 인사기록표겠지만 저는 처음 하는 경험이었습니다. 그리고 이런 경험도 아무나 할 수 있는 건 아니라는 생각이 들면서 회사가 믿고 맡겼는데 '이왕 하는 일 잘해보자' 하며 마음을 고쳐먹게 되었어요.

우연찮게 조금 먼저 살아본 사람으로서 나의 뒤를 이어 살아갈 사람들에게 의미 있는 것들을 전해주자 다짐했습니다. 내가 겪었던 시행착오, 그리고 조금 먼저 살았던 덕분에 깨달은 이야기를 후배들에게 전해준다면 아주 약간은 도움이 되지 않을까. 그 정도만 되어도 나의 역할을 제법 잘 수행한 게 아닐까 싶었습니다.

그렇게 대화방을 개설하고 후배 멘티들을 초대해서 멘토활동을 시작했습니다. 한 마디, 두 마디 주고받으며 유대감을 쌓아갔고 때때로 멘티들로부터 고맙다, 감사드린다는 피드백을 받기도 했습니다. 사람에게는 거울뉴런이 있어서 상대가 좋아하는 걸 보면 본인도 그 감정을 느끼고 기분이 좋아진다고 하던데 후배들의 피드백을 받으면서 덩달아 기분이 좋아졌습니다. 그 시절 나는 무슨 고민을 하고 있었나, 어떤 말들이 도움이 될까 궁리하면서 정제된 언어들을 전했습니다. 온기가 감도는 말들을 고르다 보니 서를 지배하고 있던 우울감은 차츰 사그라들었습니다. 역설적으로 가장 좋아진 사람은 바로 저였습니다.

관계 속에 피어나는 살아야 할 이유

무수히 많은 자기계발서들과 심리학 서적들이 "어떤 일이 있어도 긍정적으로 살아라, 적극적으로 살아라" 끊임없이 외쳐댑니다. 하지만 저는 막무가내식 긍정이 어딘지 불편합니다. 우리는 사람(人) 사이(間)에 있는 인간(人間)이기 때문에 다른 사람들과 완전히 떨어져 지낼 수 없습니다. 우리 모두는 반드시 시간(時間), 공간(空間) 그리고 인간 그 사이에 끼어 있기 마련이죠. 그러므로 나를 둘러싼 주변의 시간과 공간을 잘 정리하고 나와 대면하는 인간을 소중히 대하면 원지 않은 감정들로부터 벗어날 수 있다고 확신합니다. 무작정 긍정적으로, 적극적으로 살아낼 게 아니라 다른 사람을 기쁘게 대하면 그것이 피드백으로 나에게 돌아올 것입니다. 맹자께서도 그 옛날 "너로부터 나간 것은 너에게로 돌아온다"하셨습니다. 바람 빠진 타이어처럼 아무런 힘이 없고 진이 다 빠졌는데, 거기에 긍정적으로 살아라, 적극적으로 살아라 해봐야 소용없습니다. 그보다자기 주변, 자기를 둘러싼 이들을 잘 돌보면 본인의 기분도 고양될 것입니다. 그렇게 원치 않는 부정적인 감정과 마주할 때도 이 방법을 활용할수 있다고 생각합니다.

우연히 멘토링 프로그램을 경험하게 되었습니다. 그 기회가 아니었다면 저 역시 혼자서는 어떤 변화를 기대하기 어려웠을 것입니다. 멘토로서 전한 이야기들을 잘 보관해두었다가 아이들이 사회에 첫발을 내디딜때 전해주는 것도 제법 괜찮은 선물이 될 것 같다는 생각에 기록으로 남겨두고자 합니다. 인생의 험난한 파고를 함께 넘는 사람으로서 나의 뒤를 이어올 후배들과 아이들에게 이 책을 바칩니다. 또한 깨달음을 얻기까지 불필요한 시간을 줄이는 건 가치 있는 일이라고 생각합니다. 독자여러분들 또한 이 책을 통해 시간을 조금이라도 아껴 인생에 가치를 더했으면 하는 바람입니다. 조금 더 욕심내자면 저는 등 떠밀리듯 참여한것이지만 이 책을 읽는 이는 누군가의 멘토가 되는 것에 주저하지 않았으면 합니다. 누군가의 기대를 받아보시길, 그리고 누군가에게 미력하게나마 도움을 주는 존재가 됨으로써 '살아야 할 이유'를 찾으시길 바랍니다.

차 례

PART
02
직장 선배 김 과장의
알짜배기 꿀팁

PART 04 우울한 김 과장도 희망을 꿈꾼다

**PART
01**

김 과장,
멘토가 되다

01

우리를 덮친
자기계발 쓰나미

얼마 전 국내 영화 〈국가부도의 날〉을 보았습니다. 1997년 외환보유고가 바닥난 대한민국이 IMF에 구제금융을 신청한 것을 배경으로 몇 가지 픽션을 가미한 작품인데요. 현실을 바탕으로 한 만큼 실제로 IMF는 우리나라 국민들에게 지대한 영향을 미쳤음을 떠올려볼 수 있었습니다. 그 전까지만 해도 낯설었던 명예퇴직, 희망퇴직이란 용어가 사람들 입에 오르내리고 고용불안, 청년실업 등의 사회문제가 고착화되면서 자살률이 급증하고 심각한 가정의 붕괴를 겪었죠. 사회 전반적으로 암울한 그림자가 드리워진 것입니다. 한때 대학만 나오면 그럭저럭 안정된 직장에 들어가 가정을 꾸리고 기본적인 생활을 할 수 있는 시절이 있었습니다. 가장의 수입만으로도 생활을 유지하고 집을 마련하였음은 물론 자녀 양육에도 별다른 어려움이 없었어요. 하지만 국가가 외환위기에 처해 IMF 구제금융을 신청하고 신자유주의에 문호를 개방하고서

부터 상황은 크게 달라집니다. 안정된 미래에 대한 사회적 예측 가능성
이 산산조각 난 것입니다.

1997년 12월, IMF 한파가 들이닥친 이듬해 98학번부터 대학 입시
의 판도가 새롭게 바뀝니다. 교대, 사관학교 등 직업 안정성이 보장된
학과에 수험생들이 몰리기 시작합니다. 목구멍이 포도청이라는 현실
을 여지없이 보여주는 대목입니다. 취업 시장의 구조도 많은 변화를 겪
는데, 대기업 직원에 비해 인기가 덜했던 공무원의 경쟁률이 치솟기 시
작합니다. 박사학위 소지자가 공직이라는 이유로 환경미화원에 응시했
다는 뉴스가 들려오는가 하면 채용담당자들은 지원자가 급증함에 따라
새로운 선발 과정을 도입하는 데 분주합니다. 극단적인 안정성 추구 경
향으로 인해 어린 학생들의 직업선호도 순위에 교사와 공무원이 빠지
지 않습니다. 양극화 현상이 지속되면서 흥미와 적성을 고려한 직업 탐
색의 과정은 사치가 되어버렸고 계층 이동의 사다리가 거둬진 상황에
서 사람들은 어느새 체념에 익숙해지게 됩니다.

이맘때 서점 한편에서 조용히 자리를 차지하고 있다 서서히 두각을
드러낸 도서가 있습니다. 한국십진분류표로는 명쾌한 분류가 되지 않
는 '자기계발도서'들이 쏟아져 나오기 시작했습니다. 실업자가 넘쳐나
고 갈 곳 잃은 청년들의 아비규환의 현장에서 자기계발서들은 좋은 일

이 일어날 거라 믿기만 하면 현실이 된다는 복음을 전하죠. 실패의 원인은 좋은 일이 일어날 거라는 믿음이 부족했던 개인에게 있으며 신은 항상 당신이 잘되길 바란다고 외치고요. 이렇게 정리하니 무척 간단하지만 어이없는 논리가 아닐 수 없습니다. 사유재산이 인정되고 계층이 분화되면서부터 사회구조적으로 상위층과 하위층의 격차가 형성되는 것은 막을 수 없게 되었습니다. 사회계층적 측면에서만 본다면 성공한 부류와 그렇지 못한 자들이 필연적으로 생겨나기 마련이라는 얘기입니다. 그러나 자기계발서들은 현실을 외면한 채 실패한 사람들에게 변명의 여지를 제공하지 않습니다.

사회안전망이 무너져 내리는 상황에서 구조의 문제를 애써 외면하고 개인에게 무한책임을 전가하는 외침은 기존의 체제를 유지하려는 기득권의 입맛에도 잘 들어맞습니다. 자기계발서들의 구호는 늘어난 노동 시간과 낮은 급여에도 열정과 희망을 놓지 않는 근로자를 필요로 하는 자본가에게 환영받습니다. 구조조정이 상시화되고 직장에서 밀려난 사람들은 내 치즈가 어디로 갔느냐며 넋 놓고 있을 게 아니라 얼른 새로운 치즈를 찾아 나서야 했습니다. 자본의 속성에 잘 들어맞는 이야기들은 여지없이 대중의 의식에 주입되고, 각종 매체들은 자기계발의 복음을 전하는 데 여념이 없습니다. 이로써 젊은이들에게 희망페이, 열정페이를 세워 강요하는 피로사회가 만들어집니다.

미디어 속 상류층의 모습은 가히 눈이 부십니다. 멋진 집, 좋은 차, 세련된 옷이 가득한 옷장. 이 모든 것들이 상상만 '제대로' 하면 내 것이 된다고 하니 얼마나 환상적인가요? 그러나 만약 이런 것들이 내 것이 되지 않는다면 그건 오로지 내가 갖고 싶은 것을 생생하게 시각화하지 못하고 꿈을 '제대로' 꾸지 못한 탓이 됩니다. 논리적으로 빈틈은 없는 것 같은데 어딘지 속는 듯한 기분이 듭니다. 꺼림칙한 기분을 지울 수 없는 것은 기분 탓이 아니라 실제로 속고 있기 때문입니다. 자기계발서들은 냉엄한 현실에 대해 애써 눈을 감습니다. 자본주의 사회에서(자본 소유의 측면에서만 본다면) 성공과 실패는 생각만으로 결정할 수 없는 일인데도 그러한 것 따위 안중에 없죠.

실제 상상만 해도 모든 것이 이루어지는 세상이 있긴 합니다. 다만 현실세계는 아니고 영화 속 이야기입니다. 짐 캐리가 주연한 〈브루스 올마이티〉에선 많은 사람들이 로또 1등이 되고 싶다는 상상을 하면서 45만 명의 인원이 모두 로또 1등에 당첨됩니다. 당첨금은 고작 17달러입니다. 일부 자기계발서들이 주장하는 것처럼 상상만 해도 이루어지는 세상이 현실에 펼쳐진다면 이런 진풍경을 볼 수 있을지도 모르겠습니다. 하지만 이런 광경을 보고 싶어 하는 것조차 어리석은 기대에 지나지 않습니다.

자기계발 콘텐츠(요즘은 책뿐만 아니라 강연, 영상까지 즐비합니다.)를 소비하는 대중들은 시시포스 신화의 주인공처럼 무한히 돌을 밀어 올리는 일을 합니다. 하지만 정상에 올린 돌은 여지없이 밑으로 다시 굴러 떨어지기 마련입니다. 무한히 반복되는 굴레에서 돈을 벌고 성공하는 쪽은 자기계발서 저자들과 성공 강연회 강사들입니다. 역설적으로 자기계발서 독자들과 성공 강연회에 몰리는 청중들은 성공하지 못한 사람들뿐입니다. 아무나 할 수 있는 성공은 이미 우리가 일컫는 성공이 아닙니다. 성공이 상상만으로 이루어질 리 없습니다. 현실이 이러할진데 사람들은 오늘도 자기계발서와 성공에 대한 강연을 찾아 헤맵니다. 아마도 무엇 하나 뜻대로 되지 않는 세상에서 잠시나마 욕망을 충족할 수 있도록 찰나의 위안을 선물 받고 싶어서일 것입니다. 그러나 책을 덮고 강연회장을 나서면 여지없이 냉엄한 현실 앞에 서게 되고, 대중들은 또다시 위로 받기 위해 자기계발 콘텐츠를 소비합니다. 이렇게 소비되는 돈과 시간은 이미 그 자체로 하나의 산업이 되어버린 자기계발 분야의 성장을 더욱 가속화시킵니다. 소비자의 입장에서는 별다른 효용을 기대하기 어려운 상황에서 손해만 보는 장사가 계속되고 있는 셈입니다.

성공이 상상만으로 이루어질 리 없다.

아프면 환자지
청춘이라니

대증요법 : 병의 원인을 찾아 없애기 곤란한 상황에서, 겉으로 나타난 병의 증상에 대응하여 처치를 하는 치료법. 열이 높을 때 얼음주머니를 대거나 해열 제를 써서 열을 내리게 하는 경우가 이에 속함

아이를 키우다 보면 아이가 알 수 없는 이유로 고열에 시달리는 경우가 있습니다. 주로 오밤중에 발생하는 이 고열 현상은 부모들이 뜬눈으로 밤을 새게끔 하는 데 무척 효과적이기도 합니다. 그래도 위급한 상황이 아닌 이상 당장 병원에 갈 수는 없으니 날이 밝기까지 조금은 자 두어야 하는데요. 이럴 때 요긴하게 쓰이는 물건이 해열제입니다. 해열제는 부모가 한숨 돌릴 수 있도록 도와주기도 하지만 무엇보다 아이의 고통을 덜어줍니다. 완전하게 성장하지 않은 몸으로 열이 펄펄 끓는다면 아이에겐 무척 힘든 시간일 것입니다. 해열제는 순간의 고통을 줄여주는 대증요법으로서 가치가 있습니다. 물론 완전히 낫기 위해서는 원

인을 찾고 그에 알맞은 처방을 받아야 하죠. 대증요법은 나름대로 효용이 있는 방식이지만 모든 치료를 대증요법으로 할 수는 없습니다.

자기계발 콘텐츠는 대증요법과도 같다고 생각합니다. 대증요법에 좋은 점이 있듯이 자기계발 콘텐츠도 나름대로 긍정적인 부분이 있습니다. 동기를 부여해준다든지 의욕을 고취시키는 데 도움이 되기도 합니다. 큰 실패를 겪은 사람이 모든 의욕을 잃고 눈앞이 캄캄해져 있을 때 자기계발 콘텐츠는 불을 밝혀주는 기능을 합니다. 절망의 나락에서 일어설 수만 있다면 다소 신비적인 주술에 기댈 필요도 있습니다. 하지만 거기까지입니다. 절망을 딛고 일어서는 데 성공했다면 앞으로 힘차게 나아가는 것은 오롯이 자신의 몫이어야 합니다. 마치 생사를 오가는 긴급한 환자에게 심장제세동기를 이용해 살려내는 것과 마찬가지입니다. 의식이 돌아온 것을 확인한 이후에는 심장제세동기 사용을 멈추어야 합니다. 정상적으로 뛰는 심장에 제세동기를 갖다 대진 않습니다. 그럴 경우에는 멀쩡한 심장도 탈이 나고 말 거예요. 자기계발 콘텐츠에 취해 있어서는 안 된다는 이야기입니다.

그러나 우리는 마치 약에 취한 환자처럼 자기계발 콘텐츠를 쫓아다닙니다. 약발이 다되면 어김없이 다시 약을 찾게 됩니다. 고열이 나는 아이에게 근본적인 치료는 하지 않고 연속해서 해열제만 먹이는 격입니다. 해열제를 먹고 열이 내렸다면 병원에 가서 원인을 진단하고 본격적인 치료에 나서야 합니다. 그렇지 않으면 냉수와 온수를 계속해서 바꿔 틀고 있는 샤워장의 바보가 되고 말 것입니다. 수도꼭지의 냉수와 온수를 적절히 배합해서 열어야 알맞은 온도의 물을 사용할 수 있습니다. 기분 좋은 샤워를 하기 위해서는 물의 온도를 결정하는 원인이 수도꼭지의 개폐 정도에 달렸다는 사실을 인식해야 합니다.

오늘도 대중들은 읽기만 하면 인생이 바뀐다는 책과 온갖 미사여구를 갖다 붙인 성공 강연회를 향해 불나방처럼 달려들고 있습니다. 한 번은 이런 경우도 보았어요. 유명 강사의 팬임을 자처하는 분인데 전국 방방곡곡 그 강사의 강연에 빠짐없이 다녔다는 것입니다. 그런데 다니다 보니 여기서 했던 말 저기서 하고, 저기서 한 말 여기서도 하는 식이더랍니다. 강사의 입장에서는 당연한 일일 수 있겠지만 그분은 다소 실망했다고 합니다. 아무리 유명 강사라도 어떻게 매번 새로운 강연을 하겠습니까. 아마도 강사들은 평소 몇 개의 카테고리를 분류해놓고 강의 대상에 따라 필요한 내용들을 적재적소에 알맞게 뽑아 쓰는 형태로 진행할 것입니다. 예컨대 청중이 20대 대학생이라면 연애나 취업과 관련된 이야기, 30대 직장인이라면 직장 처세에 관한 이야기, 주부라면 가정이나 육아 관련 이야기 등 이렇게 덩어리로 묶어두고 있다가 강의장에서 실타래 뽑듯 뽑아 쓰겠죠? 유명 강사에게 실망했던 그분 역시 카테고리로 분류된 청중 집단 가운데 하나에 포함되어 있을 것이고, 서울에서든 부산에서든 강연 대상이 유사하다면 똑같은 강의 내용이 나올 수밖에 없습니다. 그분의 실망은 자기계발이나 유명 강사에 대한 지나친 환상이 빚어낸 결과였습니다.

저 역시 유사한 경험이 있는데, 제법 알려진 깅사 한 분의 오프라인 강연을 들을 때였습니다. 백화점 문화센터에서 하는 강연회였는데 주최 측에서 무료로 진행한 행사였습니다. (그날 입장할 때 주최 측에서 제공한 건강식품 샘플을 받았는데 강연이 공짜인 데는 이유가 있었습니다. 그래도 공짜라서 좋았고 손에 든 건강식품은 샘플까지만 챙겨 먹었습니다.) 평일 백화점 문화센터에서 하는 강연이라 주부들이 대상이어서 그런지 강연 내용은 남편, 자녀와의 관계 그리고 시댁 식구와의 관계에서 상처받은(?) 주부들의 마음을 위로해주는 내용이었습니다. 200명의 청중 가운데 남편에 해당하는 사람은 사람은 저를 포함해 손에 꼽을 정도로 적었습니다. 하지만 직접적인 관련이 있는 대상이 아닌데도 흥미롭게 들었습니다. 유명강사인 만큼 청중을 압도하는 힘이 있었고 시종일관 울고 웃으며 즐거운 시간을 보냈습니다. 나름대로 여운이 남아서 집에 돌아와 그분 이름을 유튜브에서 검색해보기도 했습니다. 그런데 새로운 내용도 있었지만 겹치는 부분도 상당했어요. 우리가 짚고 넘어가야 할 대목은 강사의 입장에서 유사한 내용을 이야기하는 것은 무척 자연스러운 현상이라는 점입니다.

오히려 매번 새로운 강의 콘텐츠를 원하는 우리의 기대가 잘못되었을 수 있습니다.

절망의 끝에서 자기계발서 한 권을 읽고, 희망이 없는 가운데 성공 강연회를 듣는 것. 이로 인해 동기부여가 되고 삶에 진취적인 자세를 갖게 된다면 바람직한 일입니다. 이를 두고 나무랄 사람은 아무도 없어요. 하지만 언제부턴가 우리는 지나친 위로와 힐링 열풍에 휩싸여 있습니다. 특히 우리나라는 지난 IMF 외환위기가 할퀴고 간 상처가 크게 남았고, 이후 서민들의 살림살이는 조금도 나아지지 않았습니다. 그 상처를 비집고 들어와 자리 잡은 것이 자기계발 산업이요, 힐링 시장입니다. 자기계발 콘텐츠, 그리고 잠깐의 위로와 힐링은 대증요법으로서 유용합니다. 그러나 언제까지나 대증요법에 기댈 수는 없듯이 마음의 진통제를 달고 살 수는 없는 노릇입니다. 급한 통증을 막았다면 근본 원인을 찾아 완전하게 치료해야 합니다. 다음부터 병이 재발하지 않도록 예방 조치까지 된다면 금상첨화이고요. 어디까지나 자기계발 콘텐츠는 나를 위하는 도구로써 사용되어야 합니다. 자기계발이라는 진통제 한 알 먹고 현실과 부딪쳐야 하죠. 아프다고 해서 매번 약만 먹고 약에 취해 산다면 이는 현실도피에 지나지 않습니다.

자기계발 콘텐츠는 진통제에 불과하며 그것을 복용하는 주체는 나 자신이다.

어느 날 나를 찾아온
가벼운 우울증

다윈의 진화론에 따르면 인간의 삶의 목적은 생존과 번식이라고 하네요. 다소 거칠게 정리했지만 일리 있어 보이는 견해입니다. 삶의 두 가지 화두 가운데 생존은 나의 관리 영역 밖입니다. 끝날 때까지 끝난 것이 아니며 어쨌든 숨이 다할 때까지 이어져 나가야만 하는 과제입니다. 이에 반해 번식은 비교적 관리 가능한 편에 속합니다. 저는 아이 둘을 얻고 더 이상 생산(生産 : 아이 낳는 일을 예스럽게 이르는 말)활동에 매진하지 않기로 결정했습니다. 여러 가지 고려했을 때 더 이상의 임신, 출산, 육아는 하지 않는 편이 더 나은 결정인 듯했어요. 그렇게 삶의 큰 두 가지 과업을 사실상 끝마친 상태가 되었습니다.

아이를 낳고 기르는 과정은 힘들었지만 많은 기쁨을 가져다주었습니다. 가정 안에서 안온감(安穩感)을 느끼며 평온을 얻을 수 있었습니다. 어렸을 적부터 내가 자라온 시절보다 행복한 가정을 꾸리고 싶다는 생각을 줄곧 해왔고 어느 정도 다가섰음을 예감했어요. 직장생활도 비교적 평탄하게 흘러 입사 초기의 어리바리한 모습은 벗어던지고 이제는 옛날의 나와 똑 닮은 후배들을 가르치고 때론 골리기도 하는 중간관리자가 되었습니다. 그렇게 생애주기에 있어 많은 부분들이 안정기에 접어들었을 무렵, 엉뚱하게도 허무가 밀려왔습니다.

얼마 전 30대 초반의 젊은 스타트업 기업가가 이건희 회장 거처의 인근 주택을 사서 화제가 된 바 있었습니다. 블랭크 코퍼레이션의 남대광 대표(85년생)가 그 주인공인데요. 그는 무려 62억원을 현금 결제하며 이건희 회장과 이웃사촌이 됩니다. 빚 없이 집 사는 사람이 어디 있느냐며 떠들어대기 무색할 정도입니다. 이렇듯 걸출한 성공을 거둔 이들을 보면 한편으로 부러운 마음이 일기도 합니다. '나도 저렇게 해봤으면' 하는 기분이 드는 것입니다. 하지만 이제 마냥 젊은 나이는 아닌 시기에 접어들었고, 뭔가 이뤄내기엔 현실적으로 무리가 따르는 것을 인정하지 않을 수 없습니다. 현실과의 타협이든 명확한 현실 인식이든지 간에 삶의 많은 부분들이 고착화되어 가고 있음을 느꼈습니다. 방향을 잃은 것은 아니었지만, 겨우 붙잡고 있는 그 방향이 너무나도 뻔해 보였어요. 항상 비슷한 일들, 매일 아침 같은 시간, 같은 공간에서 다람쥐 쳇바퀴 돌듯 일상은 반복의 여정이었습니다. 다가올 미래에 대한 기대감이 사라지고 무감각하게 생활을 버텨내고 있었습니다. 이제 남은 인생에서 오르막은 없을 것이며 그저 평지를 걷거나 내리막길밖에 남아 있지 않다는 생각을 하게 되었습니다. 엄중한 현실과 직면하였을 때 삶은 생기(生氣)를 잃어가기 시작했습니다.

"인생은 욕망과 권태를 오가는 시계추와 같다"는 쇼펜하우어의 말은 옳았습니다. 규칙적이든 불규칙적이든 욕망과 권태 사이를 오가면 그나마 다행인데, 어느 순간 권태에 머무른 채 침잠해가는 나를 발견했습니다. 서른다섯이 되고, 스산한 바람이 불어닥치는 듯했습니다. 흔들리는 존재의 가지 끝에서 지난날을 돌아보았죠. 누구나 경험했을 법한 학창 시절을 보냈고, 먹고사니즘 해결을 위해 직장을 구했으며, 결혼을 하고 아이도 낳아 길렀습니다. 그러다 보니 서서히 피부는 팽팽한 탄력을 잃어가고 눈가에는 반갑지 않은 검푸른 손님이 찾아왔습니다. 노화(老化)를 실감하게 된 것입니다. '서른다섯부터 하강 곡선을 그린다면 70~80까지 사는 게 딱 맞는 것 아닌가. 100세, 120세 시대는 연금, 보험회사 같은 금융권이 자극적으로 조장하는 공포 마케팅에 불과한 것은 아닐까? 설사 그때까지 산다고 해도 무슨 의미가 있지? 이미 몸과 마음이 하강기류를 타고 있는데 어떤 기쁨을 누릴 수 있단 말인가'라는 생각을 하기도 했습니다. 35세를 살아가는 모든 이들이 이러진 않겠지만, 적어도 저는 그런 생각을 했어요. 솔직히 저와 비슷한 생각을 하는 사람이 적지는 않을 거라고 봅니다.

2012년 6월 보건복지부에서 발표한 〈정신건강증진 종합대책안〉에 따르면 정신보건법상 정신질환자는 '정신보건 전문가가 일상, 사회, 직업활동이 어렵다고 인정하는 자'로 한정됩니다. 기존 정신질환자의 개념을 지나치게 넓게 규정하여 질환의 유형이나 경중에 따라 합리적인 대응이 어려웠다는 판단에서 나온 조치입니다. 정신질환자의 범위를 대폭 축소하는 방향으로 법 개정을 추진한 것입니다. 그만큼 우리 사회에 가벼운 우울을 포함한 정신질환을 겪는 사람들이 많아졌음을 의미하는 것 같습니다. 예전 같으면 정신질환에 포함되었어야 할 가벼운 우울 증상은 더 이상 정신질환에 속하지 않습니다. 다시 말해 가벼운 우울 증상을 보이는 이들은 일종의 정신질환을 앓고는 있지만 정신질환자의 정의에 포함되지는 않는 것입니다. 법 개정은 이런 취지로 이루어졌습니다. 아마도 우리 사회에서 가벼운 우울증에 시달리는 인구가 좀 더 넓게 분포되었음을 방증하는 자료라 여겨집니다. 모두가 장님인 세상에서 눈먼 봉사는 더 이상 환자가 아닌 것입니다.

심각한 정도는 아니었지만 저에게도 가벼운 우울증이 찾아온 것 같았습니다. 더 이상 꿈을 가질 수 없고, 인생에 큰 변화를 기대하기 어려우며, 남은 날들은 평지 아니면 내리막길이라는 냉엄한 현실 앞에 내던

져졌죠. 물론 가정과 직장에서 수행해야 할 역할이 있고 아이들을 잘 키워야 한다는 과제가 부여되어 있지만, 이러한 것들은 꿈이라기보단 일종의 의무에 가까웠습니다. 가정을 꾸렸고 직장에 소속해 있으니 마땅히 해야 할 일들에 지나지 않습니다. 가장으로서, 직업인으로서 나에게 기대되는 역할들을 수행하는 것일 뿐, 예전처럼 의욕을 갖고 해내야 하는 일은 아니었습니다. 가장으로서 집에 일찍일찍 들어가서 가족들과 시간을 보내는 것, 아이들에게 가능한 한 최선의 교육환경을 조성해주고 아이들의 재능 발현을 위해 모든 노력을 기울이는 것, 사회에서는 운 좋게 승진을 거듭하다 늘그막엔 구조조정의 찬바람이 불 때마다 초조한 마음으로 휴대폰을 들여다보는 것. 아무런 맛도 색깔도 없는 무미건조한 인생이 눈앞에 펼쳐지는 듯했습니다. 한편으로 이제 더 이상 나를 위해 쓸 시간, 나의 성장과 발전을 위해 시간이나 돈과 같은 자원들을 투입할 수 없을 것만 같았습니다. 사회적으로 짊어진 역할들만 수행하기에도 빠듯한데 이러한 활동들은 순전히 내 안에서 밖으로 흘러나가는 소모적인 활동일 뿐 내 안에 에너지가 감돌며 스스로 올라서고 고양되는 느낌은 아니었죠. 그렇게 저는 다소 지쳐 있었습니다.

인생은 욕망과 권태를 오가는 시계추와 같다.

– 쇼펜하우어

04 미생이 키운 멘토의 탄생

일상은 격렬하게 반복되는 활동의 연속이었습니다. 지친 몸과 마음을 이끌고 늘 같은 번호가 적힌 버스를 타고 출근합니다. 항상 비슷한 시간에 같은 정류소에서 한쪽 방향으로 시선을 고정한 채 버스를 기다리다가 이따금 시계를 들여다보는 장면으로 하루가 시작됩니다. 일터에 도착해서는 정해진 자리에 앉아 상당한 시간을 보내는데, 상당한 시간이 흐르고 난 뒤엔 곧장 집으로 향하거나 지인들과 함께 어울리는 시간 둘 중 하나입니다. 그나마 퇴근 직후엔 둘 중 무엇을 할지 선택의 여지가 있으나 무엇을 하더라도 마지막에 집에 돌아가야 한다는 것엔 선택의 여지가 없습니다. 집에 돌아오면 가족들과 조금이나마 함께 시간을 보낸 뒤 씻고 잠에 듭니다. 비슷한 하루가 지나고 나면 어김없이 비슷한 하루를 맞이합니다. 어느새 또다시 초조한 마음으로 버스정류장에 서 있게 되는 것입니다. 어제와 같은 방향으로 고개를 돌려 시선을 고정한 채 이따금 시계를 들여다봅니다.

그렇게 비슷하고도 지루한 하루를 시작하던 어느 날, 회사에서 멘토링 제도를 운영한다는 소식이 들려왔습니다. 일부 기업에서 유사한 시스템을 갖고 있다고 들어본 적은 있지만, 제대로 운영이 이뤄지는지에 대해서는 의구심을 갖고 있었습니다. 우리 회사 역시 과거에 멘토링 제도를 시행하다 유야무야된 경험이 있기 때문입니다. 다만 그냥 그러려니 하고 넘길 수 없는 게, 이번엔 제가 멘토단에 포함되어 있었습니다. 반사적으로 거부감부터 들었죠. 가뜩이나 해야 할 일도 많은데 특별한 인센티브가 주어지는 것도 아닌 일에 나의 시간을 쏟아부어야 한다는 사실이 솔직히 말하자면 대놓고 싫었습니다. 멘토 인력풀의 구성을 보니 차부장 직급보단 하위직급으로 배정되어 있었습니다. 젊은 직원들과의 소통 측면에서 의도된 바도 있겠지만, 결국 성가신 일을 떠안아도 되는 만만한(?) 사람들로 구성되었다는 느낌을 지울 수 없었죠. 적어도 처음 소식을 접했을 당시에는 그랬습니다.

배정 받은 멘티들의 리스트와 인사기록표가 함께 던져졌습니다. 멘토 한 명당 네 명의 멘티가 배정되어 총 84명의 멘티를 21명의 멘토가 담당하게 되었습니다. 여러 가지 생각이 들기 시작했습니다. 후배들의 인사기록표를 마주하니 이젠 귀찮음은 둘째치고 걱정이 들기 시작하는 것입니다. '나 하나도 제대로 추스르지 못하는 사람이 과연 다른 사람의 귀감이 될 수 있을까?', '제대로 된 가이드도 없이 다짜고짜 맡겨놓으면 끝인가?' 막상 하려고 하니 무얼 어떻게 시작해야 할지 막막했습니다. 무엇보다 멘토를 하고 싶은 마음 자체가 들지 않는 것이 심각한 문제였죠. 이런 어려움에 부딪쳤을 땐 집단지성의 힘을 빌려야 한다! 네이버 검색창에 '멘토링'을 검색해보았습니다.

멘토링 : 경험과 지식이 풍부한 사람이 멘티(멘토링을 받는 사람)에게 지도와 조언을 하면서 실력과 잠재력을 향상시키는 것

한국심리학회에서 제공한 심리학 용어사전에 나와 있는 멘토링에 대한 정의입니다. 무심코 검색한 결과인데, 그 자료가 가져다준 변화는 놀라웠습니다. 특히 '실력과 잠재력을 향상시키는 것'이라는 부분에 대해선 눈이 번쩍 뜨이지 않을 수 없었어요. 나의 작은 노력이 누군가의 실력과 잠재력을 향상시킬 수 있다는 사실이 어쩐지 가슴 설레었습니다. 자칫하면 뒤치다꺼리나 하게 되는 거 아닌가 싶던 멘토가 이토록 대단한 역할을 하는 일이었다니. 과연 내가 잘할 수 있을지에 대한 염려는 여전했지만 처음 가졌던 거부감과는 사뭇 달라진 마음가짐이었습니다. 어쨌든 경험과 지식이 있으면 누군가에게 도움이 된다는데, 한번 해보자는 생각이 들었습니다. 특히 그 대상이 나의 후배들이라면 더욱 사양만 하고 있을 일이 아니었고요.

드라마 〈미생〉을 한편도 빠짐없이 챙겨봤습니다. 인턴 사원 장그래의 좌충우돌 직장 적응기로, 드라마의 배경이 되는 팀에서 오상식 과장과 김동식 대리는 처음에 장그래에게 편견을 갖고 그를 밀어내지만 여러 가지 일들을 함께 겪으면서 끈끈한 팀워크를 갖게 되는 이야기입니다. 드라마를 보며 '직장생활도 정말 만만한 게 아니구나'라는 생각을 했습니다. 누구나 어릴 적엔 판검사나 의사 등 사회적으로 평판이 좋은 직업을 갖고 싶어 합니다. 하지만 이는 본인의 바람이라기보단 부모의 뜻이 투영된 경우가 대부분이고, 현실적으로 명망 있는 직업인이 되기 위한 문은 좁기 마련입니다. 누구나 되고 싶어 하지만 아무나 될 수 없는 것이죠. 따라서 필연적으로 낙오자들이 발생합니다. 저 역시 한때 법조인을 꿈꾸며 법대에 진학하고자 했으나 현실의 벽 앞에 진로를 선회하기도 했습니다. 법대 진학은 어떻게든 하더라도 그다음 사시에 합격할 엄두가 나지 않았거든요. 사회에 나와 법조인의 미련을 떨치지 못하고 로스쿨 진학을 준비하기도 했으나 그마저도 떨어졌습니다. 역시나 전문직은 아무나 되는 게 아니라는 사실만 확인한 채 많은 시간과 비용을 허비하였습니다. 그런 경험 때문인지 판검사, 의사의 세계만 고도의 지적 능력과 판단력을 요하며 치열한 사투가 벌어지는 현장인 반면 일반 직장인들은 그저 보통의 일상을 적당히 살아내면 되는 사람들이라 생각한 것 같습니다. 그러나 직접 직장생활을 해보고 드라마 〈미생〉까지 보고 나서는 생각이 완전히 바뀌었습니다. 직장 상사, 부하 직원, 그리고 동료들 간에 벌어지는 치열한 심리전과 생존을 위해 몸부림치는 수많은 직장인들을 보면서 생각했습니다. 보통의 직장생활도 결코 만만하지가 않구나.

이토록 만만치가 않은 직장생활에 나의 작은 관심과 배려가 사회초년생들에게 도움이 된다면 뜻깊은 일이 될 것 같았습니다. 내세울 만한 특별한 건 없지만 먼저 경험해보고, 다쳐보고, 아파해본 사람으로서 경험해보지 않고, 다쳐보지 않고, 아직까지 아파보지 않은 사람들에게 전할 이야기가 있을 것이리라. 무엇보다 멘토링의 사전적 정의를 곱씹으며 느꼈던 설렘은 지쳐 있던 저에게 생동감을 불어넣기에 충분했습니다. 그다지 할 만한 일이 없거나 할 만한 일이 있더라도 의무감에 해야만 하는 일들뿐이었는데, 멘토가 되는 것은 내가 해야만 하는 일은 아니지만 할 수 있는 일 중에 보람 있는 일로 여겨졌습니다. 조금만 관심을 갖고 정성을 쏟으면 멘티들에게 도움이 될 것 같았습니다. 멘티들에게 도움이 된다는 것은 다시 말해 아주 작은 부분이겠지만 세상에도 도움이 된다는 것을 의미하고요. 생각이 여기까지 미치니 멘토가 하고 싶어졌습니다. 그리고 이왕 하는 일, 좋은 멘토가 되기로 결심했습니다.

경험이 풍부한 사람이 멘티에게 조언을
하면서 실력과 잠재력을 향상시키는 것!

05 요즘 애들이
뭐 어때서

"요즘 애들이 참 문제야."

"요즘 애들은 어렵게 안 자라봐서 인내심이 부족해."

"요즘 애들은 하나부터 열까지 챙겨줘야 되고 자립심 너무

없어. 의존적이야."

요즘 애들을 두고 요즘 어른들이 하는 이야기입니다. 저 역시 아버지로부터 비슷한 얘길 자주 들었습니다. 특히 '고생을 안 해봐서 뭘 모른다'는 식의 말씀. 그놈의 고생은 당대에 하셨으면 그걸로 끝낼 일이지 왜 굳이 물려주려고 하시는지. 그다지 좋아 보이지도 않는구만. 저는 자녀들에게 제가 겪은 고생 따위 물려주고 싶은 생각이 추호도 없는데 말이죠. 아버지께선 어릴 적 학교를 마치고 집에 돌아오면 곧장 뒷산에 나무하러 가셨다는데, 그런 걸 지금 저에게 기대할 순 없는 노릇

입니다. 저 역시 아버지에게 극심한 취업 경쟁과 살인적인 고물가를 경험해보시라고 할 수 없고요. 각자 세대마다 짊어지는 삶의 무게가 있기 마련입니다.

그런데 이 무시무시한 이야기를 제 친구들이 후배들을 향해 서슴없이 내뱉는 경우를 보곤 합니다. 그렇게 내 나이쯤 되면 꼰대가 되어가나 보다 씁쓸함을 느낍니다. '나 때는 안 그랬어', '우리 때는 이거보다 훨씬 더 심했어' 같은 하나 마나 한 이야기를 끝도 없이 늘어놓습니다. 술자리에서 가장 고역은 선배들이 하는 옛날 얘기를 듣고 있을 때죠. 한 번만 하면 그래도 괜찮은데, 듣고 또 듣게 될 때에는 거의 중노동에 가깝습니다. 그러면서 말끝엔 '요즘 애들은 편해졌다'라는 언급을 잊지 않습니다. 훈계 아닌 훈계를 듣는 후배들은 맞받아치고 싶은 심정이 굴뚝같을 거예요.

"그래, 너 때는 안 그랬겠지. 너네 때는 우리보다 훨씬 더 심했겠지. 근데 그래서 뭐 어쩌라고?"

한편으로 생각해보면 시대가 흐를수록 편해지는 것은 너무 당연한 얘기가 아닌가 싶습니다. 그런 말씀을 하신 선배님의 선배님들 세대도 선배 세대들을 가리키며 '요즘 애들'이라 했을 것이고 '편해졌다'고 할 것입니다. 시대가 지날수록 점진적으로 편해지는 건 자연스러운 일입니다. 문명의 발전은 인류가 편해지는 쪽으로 흘러왔고 별다른 문제가 없다면 이러한 흐름은 계속될 것입니다.

그리고 요즘 애들, 편하지만 불편합니다. 몸은 조금 편해졌을지 몰라도 마음이 불편할 수밖에 없어요. 우리 시대가 살아나가기 만만찮아 졌기 때문입니다. 또 요즘 애들, 과거 우리 때에 비하면 정말 우수합니다. 토익은 900점 내외로 받는 친구들이 수두룩해요. 영어 성적으로 모든 걸 재단할 수는 없겠지만, 학점도 전반적으로 매우 높은 편이에요. 학점 인플레 현상이 빚어지고 있다지만 교수님들도 학생들이 하나같이 잘하니 점수를 잘 줄 수밖에 없다고 생각합니다.

이렇듯 요즘 애들 우수하면 우수했지 아무 문제 없습니다. 물론 국지적(?)으로 묘한 애들이 튀어나올 때도 있지만 그런 친구들은 항상 어디든 있어왔으니까요. 묘한 분들만을 대상으로 두고 전체를 몰아붙여서는 안 됩니다. 요즘 애들은 우리가 해왔던 것만큼 잘하고 있으며, 우리들보다 더 열심히 하고 있습니다. 학점과 토익이 그 증거입니다. 대학 시절에는 학점, 토익이 전부가 아니라 술도 진탕 마셔보고 동아리활동도 하면서 대인관계를 넓혀야 되는 거라고 반문할지 모르겠습니다. 그런 분들은 정말 할 수만 있다면 벤자민 버튼이 되어 지금 시점의 대학에 들어가보라고 권하고 싶습니다. 가뜩이나 취직이 어려운 판에 학점과 토익을 등한시하며 오로지 사람들과 관계를 쌓기 위해 술을 마시고 캠퍼스의 낭만을 즐길 수 있는지. 아마 쉽지 않을 겁니다. 한창 나이의 젊은 사람들인데 술 마시고 동아리 활동하며 캠퍼스의 낭만을 즐기고 싶지 않을까요? 즐길 줄 몰라서 하루 종일 도서관에만 박혀 있는 게 아닙니다. 캠퍼스의 낭만을 희생하면서까지 취직이 어려운 세상이 되었기 때문입니다. 그리고 그런 힘겨운 세상은 우리가 만들어놓았습니다. 저를 포함한 기성세대들이 말이죠.

그래서 '요즘 애들'이라고 시작하며 혀 차는 이야기들은 삼갔으면 합니다. 요즘 애들을 요즘 애들스럽게 만든 책임이 우리 각자에게 있기 때문입니다. 요즘 애들이 양산되게끔 하는 세상을 만든 이들이 바로 우리입니다. 적어도 70억분의 1만큼은 책임이 있어요. 우리가 잘했다면, '요즘 애들' 역시 우리만큼 잘할 것입니다. 워낙 열심히 하는 친구들이니 오히려 보다 많은 걸 이루어낼지도 모르겠네요. 그러니 앞으로 우리 쉽게 요즘 애들이 이렇다느니 저렇다느니 함부로 말하지 말도록 합시다. 어떻게 보면 누워서 침 뱉기나 다름없습니다. '요즘 애들'을 만든 장본인 가운데 하나가 이런 말을 내뱉는 바로 본인이기 때문입니다.

나에게도 힘겨운 세상을 만든 70억분의 1만큼 책임이 있다.

06 상상은 현실이 될 수 있을까?

세상을 보고, 무수한 장애물을 넘어, 벽을 허물고, 더 가까이 서로를 알아가고 느끼는 것. 그것이 우리 인생의 목적이다.

영화 〈월터의 상상은 현실이 된다〉에서 전하는 메시지입니다. 할리우드 배우 벤 스틸러가 감독 겸 주연을 맡았어요. 코믹 연기자로 알려진 그의 작품이어서 마냥 웃긴 영화일 거라 예상했지만, 의외로 묵직한 울림이 있는 영화였습니다. 영화 속 주인공 월터(벤 스틸러)는 잡지사에서 16년째 근무하는 샐러리맨입니다. 짝사랑하는 여인이 있지만 쉽사리 말도 붙이지 못하는 소심남, 그의 일상은 평범하기 그지없으며 오직 상상을 통해서만 특별한 순간을 꿈꿉니다. 그러던 어느 날 회사의 합병으로 인해 구조조정의 칼바람이 불어닥치고, 설상가상으로 월터는 유명 사진작가가 보낸 삶의 정수(精髓)가 담긴 필름을 잃어버립니다. 결국 그는 폐간을 앞두고 삶의 정수가 담긴 필름을 찾아 나서면서 그동안 상상 속에서나 해왔던 일들을 직접 겪게 됩니다. 우여곡절 끝에 히말라야에서 사진작가를 만나는데, 마침 사진작가는 눈표범을 촬영하는 데 집중하고 있습니다. 그런데 막상 눈표범이 나타나자 그는 잠자코 피사체를 응시하기만 할 뿐입니다. 의아해진 월터가 언제 찍을 거냐고 묻자 그는 "정말 멋진 순간은 가끔 사진을 찍지 않아. 그저 이 순간에 머무를 뿐"이라는 대답을 남깁니다. 그리고 영화의 마지막 장면에서 애타게 찾던 삶의 정수가 담긴 사진은 월터 자신이 일에 몰입하고 있는 장면이라는 사실을 알게 됩니다.

어떤 이들에겐 영화 속 주인공처럼 일상을 벗어나 새로운 경험을 하라는 내용으로 전달되는 거 같습니다. 하지만 저는 우리가 겪는 일상 속에서 최선을 다해 충실히 살아내는 것이 진정한 삶의 정수임을 핵심 내용으로 느꼈습니다. 영화 속 월터와 마찬가지로 한 직장에서 오랜 시간 성실하게 지내왔습니다. 특별할 것 없는 일상이라 치부할 수 있지만 언제나 한결같은 마음으로 보낸 시간이기도 했습니다. 영화 속 사진작가가 현실 속에 존재한다면 남루한 나의 일상에서 최고의 순간을 포착해주지 않았을까. 무료한 일상이지만 현재에 충실하고 매 순간 최선을 다하면 그것이 삶의 정수가 될 수 있다는 생각을 했어요.

독일의 철학자 니체(1844-1900)도 현재에 집중하고 몰입하는 삶을 강조한 바 있습니다. "지금 이 순간을 살아라. 지금 그대로의 육신으로 살아라." 그는 인간의 정신을 낙타, 사자, 어린아이라는 세 단계로 나눕니다. 낙타는 이리저리 이끌려 다니는 노예의 삶이며 사자는 스스로 주인이 되는 자유로운 삶입니다. 반면 어린아이는 다른 모든 것을 잊은 채 현재에 몰입하며 몰두하는 삶입니다. 우리는 어린아이가 뛰어 놀고 있을 때 왜 노느냐고 묻지 않아요. 그 이유를 너무나도 명확히 알고 있기 때문입니다. 아이들은 노는 순간 자체가 즐겁고 흥미롭기 때문에 놉니다. 그에 대한 별다른 이유가 없으며 노는 것 외 다른 것에는 관심을 두지 않습니다. 여기서 니체는 아이와 같은 삶을 지향해야 한다고 설파합니다. 과거와 미래를 잊고 오롯이 현재에 몰입하는 것만이 구원에 이르는 길입니다. 나의 과거 혹은 미래가 지금의 나를 뒤흔들고 있다는 건 지금의 내가 메말라 있고 건강하지 못하다는 뜻입니다. 시들어 있는 현재는 병든 미래를 약속합니다. 왼손에 든 과거와 오른손에 든 미래를 내려놓아야만 살아 펄떡거리는 현재를 움켜잡을 수 있습니다.

저는 졸업, 취직, 결혼, 출산, 생의 중대한 과업 몇 가지를 순차적으로 끝내고 노화를 경험하기 시작했습니다. 예고 없이 찾아온 손님은 언제나 불편합니다. 남아 있는 길이 내리막밖에 없고, 뒤돌아보아도 뚜렷한 성취가 느껴지지 않을 땐 우울한 기분마저 들곤 합니다. 이대로 무색무취의 인생을 계속 살게 될 것만 같은 불안감에 휩싸이지만, 그런 저에게도 아직 할 일이 남아 있었습니다. 여지껏 보내온 시간과 경험만으로도 누군가에게 도움이 될 수 있다는 생각을 했습니다. 특별할 것 없는 인생이라고 여겼지만, 그것만으로도 후배들을 비롯하여 저의 뒤에 올 사람들에겐 본보기가 될 수 있는 것입니다. 굳이 좋은 본보기가 아니라도 좋습니다. 설사 나쁜 예가 된다 할지라도 저를 타산지석으로 삼아 그들의 앞날엔 보탬이 될 것임이 분명합니다. 요즘 애들은 적잖이 똑똑하기 때문입니다.

이렇게 다른 각도로 생각하니 '별 볼 일 없는' 인생이 나름대로 '별 볼 일 있는' 인생이 되었습니다. 10년간 한 우물을 파온 프로이니 후배들에게 무언가 남길 수 있을 것입니다. 유령처럼 들러붙어 있던 과거와 불안한 미래를 덮어버리고, 부여잡을 수 있는 현재에 몰입하기 시작했습니다.

평생 삶의 결정적 순간을 찍으려 노력했는데,
삶의 모든 순간이 결정적 순간이었다.

– 앙리 까르띠에 브레송

어서 와, 이런 멘토링은 처음이지?

멘토

여러분, 반갑습니다. 이번에 멘토를 맡게 된 김준성 과장입니다. 멘티 중에는 올해 초임 3항사분들도 계시니 너욱 반갑네요.

안녕하세요! 잘 부탁드립니다.

멘티 단체

멘토

회사에서 진행하는 프로그램으로 만난 것이지만, 소중한 후배님들과 이런 시간을 갖게 되어 무척 기쁩니다. 사실 부담감이 없잖아 있지만요^^;

괜찮습니다!

멘티 1

편하게 이끌어주세요.

멘티 2

멘토

멘토가 되기로 하고, 멘토와 멘티의 역할에 대해서 많이 생각해보았습니다. 그러다 『졸업선물』이라는 책을 보게 되었어요. 여기서 말하는 내용을 바탕으로 여러분과의 관계를 만들어가려고 합니다.

어떤 내용인가요?

멘티 1

책을 읽어봐야 할까요?

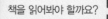

멘티 3

멘토

간략히 설명할게요. 멘토는 여러분에게 보조바퀴와 같습니다. 보조바퀴처럼 넘어지지 않도록 받쳐주는 보조 동력과 마찬가지예요. 이 말은 멘토란 구세주도 신도 아니다 보니 현실에서 여러분의 장래를 끌고 가줄 것이라 생각한다면 실망하게 될 수도 있다는 뜻입니다. 그리고 더 빨리 나아가기 위해선 언젠가 보조바퀴를 떼어내야 해요. 스스로 판단하고 책임지는 순간이 올 때까지, 저는 여러분의 조력자로서 노력할 거예요.

멘토

정치·종교·지역적 주제는 배제하고, 조금 먼저 경험한 사람으로서 '지금 알고 있는 걸 그때도 알았더라면'하는 내용들을 위주로 전하겠습니다. 여러분의 앞날에 조금이라도 보탬이 되면 좋겠습니다. Bon voyage~! ^^

어릴 때 네발자전거를 타던 때가 생각나네요. 사회초년생인 저희에게는 큰 도움이 될 것 같아요. 앞으로 잘 부탁드립니다.

멘티 4

저희도 잘 부탁드립니다!

멘티 단체

멘토의 어원은 그리스 신화에서 비롯되었다고 합니다. 고대 그리스의 이타카 왕국의 왕 오디세우스가 트로이 전쟁에 나가면서 친구에게 자신의 아들 텔레마코스를 보살펴달라고 부탁하는데, 그 친구의 이름이 바로 멘토(Mentor)였습니다. 멘토는 오디세우스가 전쟁에서 돌아올 때까지 텔레마코스의 친구, 선생님, 상담자, 때로는 아버지 같은 존재가 되어 그를 잘 돌봐주었고 텔레마코스가 성장하는 데 정신적인 지주 역할을 합니다. 10년 후 전쟁에서 돌아온 오디세우스는 훌륭하게 성장한 아들을 보며 "역시 멘토다워!"라며 크게 칭찬했다고 합니다. 그 후로 멘토라는 명칭은 지혜와 신뢰로 한 사람의 인생을 이끌어주는 지도자의 의미로 사용되고 있다고 합니다.

멘티들과 멘토활동을 하며 신영준 박사님의 『졸업선물』을 참고하여 임했습니다. 지극히 현실적이면서 군더더기 없는 표현이 무척 적절하다는 생각에서였어요. 사회초년생들을 독자층으로 하다 보니 멘티에 관한 조언들이 대부분이지만 멘토링에서 멘토가 주의해야 할 사항으로 참고할 만한 내용도 몇 가지 있습니다.

우선 첫째, 멘토 자신이 가진 영향력을 잘 인식하고 좋은 곳에 사용해야 합니다. 멘토-멘티 관계는 보이지 않는 영향력의 격차가 존재하기 마련입니다. 계층 구조상 멘토는 위에 있고, 멘티는 아래에 자리합니다. 멘토의 영향력은 좋은 곳에 쓰여야겠지만 이를 남용하거나 악용하는 사례도 없지 않습니다. 때문에 언제나 좋은 의도를 가지고 도움을 주는 관계에 머물러야 합니다. 멘토가 멘티에게 뭔가를 요구하거나 대가를 바라고 멘토링에 임한다면 이는 시작부터 크게 잘못된 것임이 분명합니다.

둘째, 멘토 스스로 지나치게 개입하거나 너무 나서는 것도 곤란합니다. 우리는 여러 관계 속에서 이미 누군가의 멘토일 수 있습니다. 하지만 그렇다고 해서 어느 날 갑자기 후배들 앞에 나타나 "오늘부터 내가 너의 멘토가 되어주겠어!"라고 한다면 당황스러운 분위기가 연출될 수 있어요. 이는 멘토의 역할을 잘못 이해한 것입니다. 아마 후배들은 신종 꼰대가 나타났다며 손사래를 칠지 모릅니다. 멘토라는 명칭에 얽매이기보다는 생활 속에서 누군가에게 작은 도움을 주는 것부터 시작해야 합니다.

끝으로 멘토는 도와주는 사람(helper)으로서의 역할에만 충실해야 합니다. 멘토는 보조바퀴라는 신 박사님의 조언은 멘티뿐만 아니라 멘토에게도 해당하는 내용입니다. 멘티의 성장을 돕고 보조하는 역할에 만족해야 합니다. 의욕에 넘친 나머지 멘티에게 변화를 강요해서는 안 됩니다. 멘토의 경험을 바탕으로 다양한 조언을 해줄 수는 있겠지만 선택과 행동은 어디까지나 멘티의 몫으로 남겨두어야 합니다. 저는 개인적으로 〈선녀와 나무꾼〉의 이야기가 아름답다고 생각하지 않습니다. 수단과 방법을 가리지 않고 내가 뜻하는 바를 이뤄내서는 안 됩니다. 상대의 인격을 존중하고 배려하는 자세를 잊지 않아야 합니다.

Bon voyage : Bon(좋은) + Voyage(여행)
'좋은 여행 되세요'라는 뜻의 불어
특히 먼 항해의 무사를 비는 인사

미리 살펴보는
멘토링의 3단계

Plan　계획, 알아가기

멘티에 대한 정보 수집: 연령, 가정환경, 학교생활 파악

정기적인 채널 구축: 시간 할애를 효과적으로 할 수 있음

비전 또는 컨텐츠 범위 정하기: 정치, 종교, 지역적 요소는 배제

Do　실행, 접근과 대화

멘토의 지식·경험 전수: 성공 사례뿐 아니라 실패 사례도 공유
　　　　　　　행운 또는 동기 부여 메시지 전하기

존중하기: 후배라고 함부로 반말하는 태도 지양

See　확인, 피드백과 종료

경청하기: 단방향이 아닌 양방향 소통이 되도록 해야 함
　　　　멘토 멘티 간에 지나치게 의존하지 말아야 한다

직장 선배 김 과장의
알짜배기 꿀팁

01
재미로
하는 일이 어딨어

"여기 운동장 아니다. 놀러 가는 거 아니다. 오빠 손 꼭 붙잡아야 된다." 영화 〈국제시장〉에서 '덕수'이자 훗날 황정민이 되는 아역 배우의 대사입니다. 1950년 12월 23일, 매러디스 빅토리호는 14,000여 명의 피난민을 태우고 흥남에서 철수합니다. 덕수는 전쟁 중이라는 사태의 심각성을 파악하지 못한 여동생을 향해 다그칩니다. 지금 놀러 가는 거 아니니 정신 바짝 차리라고 말이죠.

아주 가끔 입사 연차가 얼마 되지 않은 젊은 직원들을 보면서 비슷한 안타까움을 느끼기도 합니다. 회사는 운동장이 아니고 직장은 놀러 나온 데가 아니라고 얘기해주고 싶은 심정입니다. 굳이 얘기 꺼내지 않더라도 시간이 지나면 점점 깨닫게 되긴 합니다. 저 역시 입사 초기에는 비슷한 모습이었던 것 같습니다. 사회에 나와서 내 힘으로 돈을 벌고 약간의 자유를 얻었으며 함께 일하는 사람들도 마냥 좋았습니다. 학창 시절에는 워낙 다양한 친구들을 만나게 되지만, 입사를 하게 되면 사회적으로 비슷한 수준의 사람들이 모이기 때문에 통하는 이야기도 많아집니다. 시간이 지나면 하던 얘기만 계속 하게 되는 단점이 있습니다만, 어쨌든 입사 초기에는 누구나 들뜬 마음이 되기 쉽습니다. 그러다 조금씩 철이 들면(영화 속 덕수의 나이 정도 되면) 조금씩 알아가게 됩니다. 직장은 운동장이 아니고, 놀러 가는 게 아니라는 것을 말이죠.

평생 막일을 해오신 아버지께서는 말씀하십니다. "니는 하루 종일 편하게 앉아서 일하고 좋겠다. 하루 종일 컴퓨터만 쳐다보고 있나? 그렇게 하루 내도록 할 일이 있나?" 저는 선박을 관리하는 일을 업으로 하고 있습니다. 해운 산업은 바다를 이용해 화물을 실어 나름으로써 이익을 창출하는 비즈니스지요. 해운 산업을 영위하는 데 있어 선박은 필수 불가결의 요소입니다. 그런데 배라는 것이 한번 지어놓고 나면 끝나는 성질의 제품이 아니잖아요. 끊임없이 보수하고 조이고 닦아서 잘 유지해야 제대로 다닐 수 있습니다. 또한 안전 항해를 성취하기 위해 해야 할 제반 업무들이 많이 있습니다. 입성(入城)보다 수성(守城)이 어렵다는 얘기가 괜한 말이 아닙니다. 사업을 시작하는 것도 힘든 일이지만, 잘 유지해나가는 건 더욱 쉽지 않은 일이지요. 그래서 회사에 나가면 항상 할 일이 있습니다. 할 일이 없는데 괜히 월급 주고 그러진 않겠죠?

회사가 운동장일 리 없습니다. "좋아하는 일을 하고 본인이 열정을 가지는 일이라면, 노는 것처럼 일하며 회사가 즐거운 운동장이 될 수 있다." 글쎄요. 저는 이런 말에 그다지 동의하지 않습니다. 일부 소수의 직업인들은 그럴 수도 있다고 봐요. 하지만 대부분의 사람들이 노는 것처럼 일하는 건 아닐 겁니다. 야생에서 사자나 호랑이가 사냥할 때 모습을 보면 정말 필사적으로 하잖아요. 결코 우아한 모습이 아닙니다. 그런 맹수들도 사냥에 성공할 확률이 그다지 높지 않다고 합니다. 죽기살기로 뛰지 않으면 굶어 죽을 수도 있는 거죠. 저는 직장인들의 모습이 이와 크게 다르지 않다고 봅니다. 사자나 호랑이가 흥미, 적성 따져가며 사냥하는 게 아니듯이 우리도 재미 삼아 일터로 나가는 건 아니라고 생각해요. 사냥에 실패하면 먹을 게 없듯이, 일터에서도 반드시 어느 정도의 역할을 해내야만 합니다. 재미, 흥미를 떠나 있는 문제입니다.

지금은 다소 시들해졌지만, 한때 펀(FUN) 경영이 크게 유행했던 적이 있습니다. 신나는 직장문화를 만들고 직원 만족도를 높여서 고객만족도도 높이자는 취지였습니다. 저는 펀 경영도 생산성 향상을 위한 경영 기법 가운데 하나라고 생각합니다. 하지만 결국 본질은 바뀌지 않습니다. 펀 경영이든 신바람 나는 일터 조성이든 간에 회사는 성과를 내야 하는 곳입니다. 앞으로도 다양한 경영 기법이 나오고 지금과는 다른 분위기의 직장문화가 조성되겠지만, 어떤 형태로든 어릴 적 운동장 놀러 가듯이 일할 수는 없을 것입니다.

"나는 평생 하루도 일을 하지 않았다. 그것은 모두 재미있는 놀이였다." 천재 발명가 토마스 에디슨의 말입니다. 물론 일하는 사람 가운데 일부는 재미있는 놀이 하듯 일을 대할 수도 있다고 생각합니다. (에디슨은 여기서 말하는 일부에 속하는 부류라 확신합니다.) 하지만 일하는 사람 모두가 놀이 하듯 일하지는 않습니다. 그러니 놀이 하듯 일하지 않더라도 조바심을 낼 필요는 없다고 생각합니다. "천재는 1%의 영감과 99%의 노력으로 만들어진다." 이 역시 에디슨이 한 말로 유명한데요. 우리에게 알려진 바와는 달리 에디슨이 강조한 건 99%의 노력이 아니라 1%의 영감이었다고 하죠. 누구나 99%의 노력을 하지만, 자신에게는 남들에게 없는 1%의 영감이 있다는 뜻에서 한 말이라고 합니다.

에디슨처럼 일을 놀이로 승화시키는 경지에 이르지는 못했습니다만 저는 지금 저의 모습도 나쁘지 않다고 생각합니다. 천재들의 삶과 달리 약간은 구질구질한 모습이래도 제가 하는 일을 통해 세상에 기여를 하고 있으며 제 나름대로 중요한 역할을 맡고 있다 생각합니다. 일을 놀이처럼 하는 경지가 되면 더할 나위 없이 좋을 테지만, 즐기지 못하더라도 일을 통해 세상의 한쪽 구석을 돌아가게 하고 가족들과 먹고살아갈 재원이 된다면 충분히 신성한 가치가 있다고 생각합니다. 1%의 천재들은 일과 놀이를 등식관계에 놓고 지내는지 모르겠습니다만 저는 그런 부류가 아닙니다. 하지만 천재들 사이에 끼지 못할지라도 그렇게 구차하지는 않습니다. 서로 다른 모습일 뿐이죠. 그래서 저는 오늘도 일하러 가면서 운동장에 놀러 가는 게 아니라는 주의 환기와 함께 적당한 긴장감을 갖고 출근합니다. 세상엔 영감을 가진 천재보다 저 같은 사람이 더 많고, 천재가 아닌 삶도 삶입니다. 그리고 막상 해보면 그렇게 나쁘지도 않습니다.

여기 운동장 아니다.
우리 놀러 가는 거 아니다.

02   인사하는 예의, 인사받는 예의

인사(人事)[1]

1. 마주 대하거나 헤어질 때에 예를 표함
2. 처음 만나는 사람끼리 서로 이름을 통하여 자기를 소개함
3. 입은 은혜를 갚거나 치하할 일 따위에 대하여 예의를 차림

인사(人事)[2]

1. 사람의 일. 사람으로서 해야 할 일
2. 관리나 직원의 임용, 해임, 평가 따위와 관계되는 행정적인 일
3. 세상에서 벌어지는 일

인사의 사전적 의미입니다. "인사하면서 지내자"는 첫 번째 의미이고, "인사가 만사다"라고 할 땐 두 번째 의미인 것 같아요. 흥미로운 점은 두 가지 모두 같은 한자를 쓴다는 점입니다. '인사[1]'이나 '인사[2]'나 말 그대로 '사람 일'인 거죠. 나이를 먹고 중간관리자로 근무하다 보니 인사받을 일이 많아졌어요. (이게 좋은 건지 나쁜 건지^^;) 아침에 출근하면 인

사를 건네오는 후배들 대하는 경우가 잦아졌다는 얘기죠. 모두 의례적으로 하는 행동이긴 하지만, 사람마다 느낌은 상당히 다르게 다가오더라고요. 비교적 밝고 명랑하게 톤을 높여서 인사하는 직원이 있는 반면 어딘지 모르게 처져 있는 듯한 인사를 건네는 친구들이 있습니다. 중요한 건 이 행동이 매일 아침 '반복'된다는 점입니다. 왠지 밝게 인사하는 친구들은 매일 조금씩 상승 곡선을 그리는 듯 느껴진다면 어딘지 모르게 처져 있는 인사를 건네는 친구들은 매일 조금씩 하강 곡선을 그리고 있는 것 같아요.

저 역시 나이를 먹어갈수록 생기는 편견과 선입견으로 인해 인사하는 친구들을 두 그룹으로 나눈 것일 수 있어요. 하지만 두 그룹 사이에 행동의 차이는 존재하고 그 차이로 인해 미래가 달라질 것이라는 점은 명백합니다. 한쪽 그룹은 매일 아침 상승 곡선을, 다른 그룹은 매일 아침 하강 곡선을 그리고 있기 때문입니다. 그렇게 매일 조금씩 다르게 그려나가면 인생의 도화지에 서로 다른 그림(결과물)을 대하게 될 것은 분명합니다. 사소한 차이지만 미래에 받게 될 결과엔 상당한 차이가 있죠. 높은 건물을 지을 때, 하단에서 생겨난 작은 오차가 올라갈수록 크게 어긋나는 결과를 만들어내는 것과 같은 이치입니다.

인사를 받는 일이 잦아졌지만 인사를 하는 경우도 많이 있는데요. 홍미로운 건 인사받는 분들의 모습도 두 그룹으로 갈라진다는 점입니다. 부드럽고 정성스럽게 인사를 받아주는 분이 계신 반면, 상당히 뻣뻣한 자세로 받는 분들이 계시죠. '아무렴, 네가 나한테 인사를 해야지'라고 하는 것처럼 차갑게 느껴집니다. 이런 경우는 그나마 낫습니다. 어떤 분들은 분명히 인사했는데도 모른 체 지나가시기도 합니다. 그런 경우를 보면 신기하기까지 해요. 사람이 인사라는 자극을 받게 되면 어지간해선 반사적으로 눈인사 같은 반응을 하기 마련인데, 훈련이라도 받은 거 아닐까 하는 생각마저 들어요. 보통 그런 반응이 나오는 게 쉽지 않을 것 같거든요.

　인사를 했는데 안 받아주는 경우가 생기면 살짝 당황하게 되면서 어쩔 줄 몰라 하게 됩니다. '저 사람이 날 싫어하나? 나는 크게 잘못한 게 없는 것 같은데….' 내면에 여러 가지 생각이 떠오르면서 고민하게 됩니다. 그런데 한두 번 겪어보면 나름 내성이 생깁니다. 예의 바르게 인사를 건네고 나면 내 할 일은 다 한 것이고, 반응이 어떻든 그건 상대방의 몫입니다. 그날따라 기분 안 좋은 일이 있었을 수도 있고요. 아무튼 내가 떳떳하면 상대의 반응은 'I don't care'할 수도 있겠죠. 인사받기 싫다는데 어쩌겠습니까? 그러니 혹시나 이런 경우를 만나더라도 일희일비하지 않으면 좋겠습니다.

사람은 패턴을 완성하려는 경향을 보인대요. 일부 정보만 가지고도 나머지 정보들을 유추해내려는 성향이죠. 상대가 인사를 받지 않고 지나치면 '왜 저러나, 내가 무슨 잘못이라도 했나' 상황을 완성하려고 든다는 얘깁니다. 그런데 정작 중요한 건 패턴분리능력이라고 해요. 패턴을 분리하는 성향이 강한 사람일수록 정신이 건강하다고 합니다. 직장에 스트레스 주는 사람이 있다고 출근을 거부하진 말아야 합니다. 그 사람의 행동이 나에게 스트레스를 주는 것일 뿐, 내 직장이 나쁜 게 아니고 내 인생이 꼬인 것도 아닙니다. 이따금씩 만나는 불행에 인생 전체를 내맡기고 휘둘리지 말아야 합니다. 분리해서 볼 필요가 있어요. 패턴분리능력이 높을수록 회복력(resilience)도 향상됩니다.

아이들을 키울 때, 여러 상황 속에서 아이들이 되도록 자기 의사대로 자유롭게 선택하게끔 하는 편입니다. 하지만 인사만큼은 그렇지 않습니다. 의무사항에 가깝지요. 그만큼 인사에 한해선 제가 확신을 갖고 있기 때문입니다. 세월이 흐르고 흘러 저희 아이들이 누군가의 인사를 받게 된다면 기분 좋게 응답하는 사람이 되면 좋겠습니다. 인사받고도 본체만체 지나치는 사람이 아니길 바랍니다. 누군가에게 쓸데없는 고민을 끼치는 사람이 아니길 바라고, 스스로도 허접한 고민에 휩싸이지 않으면 좋겠습니다. 그러고 보니 인사를 받고도 그냥 지나치는 일부 선배님의 자녀분들도 언젠가는 사회생활을 하며 인사하고, 인사받고 그럴 텐데요. 사뭇 궁금해집니다. 본인의 자녀들이 누군가에 인사를 했을 때 깔끔하게 무시당하는 경우를 바라고 계신 건 아닌지. 그걸 바라는 게 아니라면 자신의 부하직원에게도 그러지 않으셨으면 하는 바람입니다.

'인사(人事)²가 만사(萬事)'라는 얘기가 있지요. 그런데 '인사(人事)¹가 만사(萬事)'일 수도 있을 것 같아요. 인사 잘하는 사람은 다른 것도 다 잘하는 것 같습니다. 물론 인사 하나만 잘하고 다른 건 부족한 사람도 있겠지만 인사는 모든 일을 잘하기 위한 충분조건까진 아니더라도 필요조건은 될 수 있다고 생각합니다. 인사부터 잘해봅시다. 모든 일은 거기서부터 시작입니다.

인사(人事)가 만사(萬事)다.

03

오늘의 나에게
내일의 나를 맡긴다

개인적인 생각이지만 국가나 부모 욕하는 사람들을 보면 부질없어 보여도 이해는 가더라고요. 교육 기회의 부여라는 측면에서 볼 때 부모는 자녀에게 많은 영향을 미칩니다. 국가가 개인에게 미치는 영향 또한 적지 않죠. 예전에 유시민 선생님이 TV 프로그램인 〈비정상회담〉에 나온 적이 있는데, 한창 글쓰기 콘텐츠로 세간의 주목을 받고 있을 때였습니다. 다양한 국적의 패널들을 대상으로 자기소개서를 작성하는 시간을 가졌어요. 유시민 선생님께서 작성된 자기소개서를 평가하는 시나리오였습니다. 그중 한 명의 참가자가 우리 정서상으로 볼 때 아주 무성의한 지원서를 제출했습니다. 뽑으면 좋고 아니면 말고 식이었지요. 지원자라면 어떻게든 자신을 어필해서 입사하려고 애를 써야 하는데, 사회통념상 이건 좀 아니잖아요? 처음엔 코믹적인 상황을 연출한 것이라 생각했는데 전후 맥락을 살펴보니 꼭 그런 것만도 아니더라고요. 문제의 지원서를 제출한 패널은 북유럽 사람이었습니다. 실제로 북유럽은 복지제도가 잘 갖추어져 있어서 취업에 아등바등하지 않는다고 합니다. 군이 힘들게 취업하지 않아도 그럭저럭 먹고사는 데 지장이 없는 거죠. 설명을 듣고 내심 부러웠습니다. 젊은이들이 취업전쟁에 시달리는 건 대한민국이나 그렇지 일부 다른 나라에서는 안 그럴 수도 있겠구나 싶었어요. 이런 점에서 가끔씩 국가나 부모 원망하는 사람을 보면 바람직하지는 않지만 한편으로 이해하게 되었습니다.

그런데 자신이 속한 집단인 회사를 욕하는 사람들은 이해가 안 가더라고요. 왜냐하면 국가나 부모는 본인이 선택할 수 없지만, 회사는 본인이 직접 선택한 것이기 때문이지요. 100% 본인의 자유의지로 선택한 결과물인데 그걸 욕하는 건 결국 자신을 향한 독침과 같은 것이라고 생각합니다. 내가 지금 있는 곳(직장을 포함한 교우관계 등)은 내가 어제까지 선택한 결과의 총합입니다. 지금 있는 곳을 부정한다는 건 어제까지의 나를 통째로 부정하는 것일 수 있으니, 그런 우를 범하지 않았으면 좋겠어요. 과거는 현재를 반영하고, 현재가 미래를 결정하는 것임을 잊지 말기 바랍니다. 그렇다고 회사충성맨이 되자는 얘길 하는 것은 아닙니다. 여러분들의 가치를 높이고 보다 나은 곳으로 향해 가는 건 격려하고 응원하고 싶습니다. 하지만 그런 경우에도 여러분들이 보내는 현재가 미래를 좌우하고 있습니다. 제가 염려하는 건 현재에 대한 대책 없는 불만입니다. 미래를 위한 건강한 불만은 언제든 환영입니다.

여러 연설로 유명한 스티브 잡스는 스탠퍼드 학위 수여식에서 이런 말을 했습니다. "오로지 과거를 돌아볼 때 우리가 찍어온 점들을 연결할 수 있다." 사회에 첫발을 내딛는 젊은이들을 대상으로 한 연설이었습니다. 대학을 중퇴한 그는 정규 수업을 듣지 않고 본인이 듣고 싶은 강의만 수강합니다. 그 가운데 서체 수업도 포함되어 있었지요. 당시에는 그 수업이 자신의 삶에 실질적인 도움이 될 것이라 생각하지 않았다고 해요. 그러나 10년이 지난 후, 첫 매킨토시 컴퓨터를 디자인할 때 예전에 들었던 서체 수업에서 많은 영감을 얻었다고 합니다. 결국 순간순간의 시간들을 잘라서 생각하면 그 시간들은 개별적인 것 같지만, 어떻게든 연결되기 마련이라는 얘기죠.

오늘 나의 모습은 어제까지 보낸 시간들의 총합입니다. 지금 이 자리에 있는 것은 내가 과거 입력한 데이터에 따른 결과물이지요. 그 결과를 우리가 지금 함께 보고 있는 겁니다. 또한 내일 나의 모습은 오늘 어떤 시간을 보내느냐에 따라 결정됩니다. 미래의 특정 시점을 기준으로 하여 그 이전까지 보낸 시간들의 총합이 그 시점의 모습을 결정하겠지요. 현재는 과거의 반영이고, 미래는 현재에 의해 좌우됩니다. 어느 것 하나 떼어놓고 생각할 수가 없어요.

여러분 동료들과 회사에 들어올 때 한날한시에 사령장 받고 들어오잖아요. 모두가 같은 출발선상에 있지요. 하지만 5년 후, 10년 후, 20년 후엔 아마 적잖이 다른 모습으로 만나게 될 거예요. 계속해서 같은 조직에 있는 친구들도 있고, 그사이 전혀 새로운 분야로 진출한 동기도 있을 겁니다. 입사한 지 10년 정도 된 저의 동기들도 저마다 다양한 삶의 모습을 그려나가고 있어요. 흥미로운 건 똑같이 주어진 시간 동안 무엇을 어떻게 했느냐에 따라 결과가 달라진다는 사실입니다. 가정하긴 어렵지만, 모두가 똑같은 생각을 하고 똑같은 행동을 했다면 완전하게 동일한 결과지를 받아 보지 않았을까요? 하지만 이건 실현 불가능한 일입니다. 여러분이 지금 보내는 시간이 미래와 맞닿아 있다는 사실을 잊지 말길 바랍니다.

스티브 잡스와 숙명의 라이벌 관계인 빌 게이츠도 관점은 조금 다르지만 비슷한 이야기를 남겼습니다. 바로 '가난'과 관련하여 남긴 말인데요, 태어나서 가난한 건 개인의 탓이 아니지만 죽을 때도 가난한 건 환경이 아닌 자신의 탓이라는 말입니다. 누군가를 탓할 시간에 당장 할 수 있는 일을 하라고 권유하기도 했습니다. 세계 1위 부호를 다투던 대단한 인물들을 연이어 등장시키니 조금 멋쩍네요^^; 하지만 지금은 세계가 좁아진 지구촌 시대이니 우리보다 먼저 살아온 옆집 잘나가는(?) 형님들의 조언 정도로 여기고 들으면 되겠습니다. 결국 두 사람 모두 같은 얘기를 한 것 같아요. 저에겐 그렇게 보여요. 우리가 어디서 왔으며 앞으로 어디로 갈 것인지는 '우리가 결정한다'는 거지요. 그 순간의 결정들이 모여 미래의 모습을 그리게 됩니다.

우리는 항해사로서 선박의 안전운항을 책임지고 있습니다. 경도·위도로 표기되는 우리의 위치는 우리가 지나온 시간의 궤적입니다. 그리고 방향을 어느 곳으로 정하느냐에 따라 우리의 도착 지점은 달라질 것입니다. 여러분의 삶도 마찬가지겠지요. 지난 삶의 궤적인 과거를 돌아보고 앞으로의 방향인 미래를 설계하며 현재를 가꾸어가면 좋겠습니다.

내가 찍는 점들이 미래에 어떤 식으로든 연결된다.

– 스티브잡스

04

믿었던 사수가
퇴사하면 어떡하지

사회에 나와 직장생활을 하다 보면 다양한 인연을 맺게 됩니다. 많은 사람들을 새롭게 만나기도 하지만 적지 않은 사람들을 떠나보내기도 해요. 저도 어느덧 10년차 직장인에 접어들면서 새로운 동료들을 만났고, 함께했던 분들과 헤어지는 과정을 여러 번 반복했습니다. 제 입장에서 만남과 헤어짐을 경험했다는 것은 조직이라는 유기체에서 보았을 때 끊임없이 사람들이 들고 난다는 의미입니다. 회사는 최고경영자를 최상층에 배치하고 보면 그 밑은 나무 뿌리와 유사한 모양의 팀별 조직도가 그려지는데요. 그보다 하위조직인 팀 내 조직도는 회사의 입장에서 볼 때 미세혈관과 같아요. 회사를 비롯한 모든 조직은 나름대로 짜임새 있게 구성되어 있습니다. 만약 구성이 짜임새 있지 못하고 엉성하다면 결국 살아남지 못할 거예요. 샐러리맨의 입장에서는 다소 서글픈 이야기일 수 있으나 어쨌든 회사의 입장에서 볼 때 사람 한 명 들고 나는 것은 그다지 대수롭지 않은 일입니다. 역설적으로 사람 한 명 들고 나는 게 대수롭지 않은 일이 될수록 시스템을 잘 갖춘 회사라 할 수 있죠.

함께 근무하는 동료 한 명이 퇴사 예고를 한 적이 있습니다. 지난 10년 동안 적잖이 경험해본 일이라 그냥 그런가 보다 생각했어요. 그 사람이 나간다 해도 부서에 과장이 있으니 내기 굳이 두 팔 걷어붙이고 일할 필요도 없었고요. 은근슬쩍 편한 기분에 젖어 있는 와중 저와는 다르게 그와 지근거리에서 근무하는 후배는 생각이 달랐던 모양이더라고요. "선배님이 나가시면 프로젝트 업무에 제대로 대처할 수가 없는데…"라며 걱정을 하기 시작했습니다. 세상이 달라졌다고는 하지만 그 친구가 하는 일을 모두 겪어본 저로서는 그의 염려가 기우에 지나지 않는 것처럼 보였습니다. 사무직 업무라는 것이 대단한 창의력을 요하는 일부 직종 외엔 게으름만 피우지 않으면 따라갈 수 있는 일이 대부분입니다. 후배의 걱정을 이해 못하는 바는 아니지만, 자연은 진공을 허락하지 않는 법이죠. 만약 퇴사를 예고한 동료가 실제 퇴사를 한다고 해도 그의 빈자리는 시간이 지남에 따라 스멀스멀 메워질 것입니다. 그 빈자리가 채워지는 만큼 걱정했던 후배의 직업적 역량은 성장할 것입니다. 시간이 많이 흐른 뒤에는 오늘을 뒤돌아보며 당시에 왜 그런 걱정을 했는지 본인 스스로도 의아해할 가능성이 높습니다.

영국의 국왕 조지 6세의 실화를 바탕으로 한 영화 〈킹스 스피치〉는 1939년 제2차 세계대전 당시의 역사적 사실과 함께 자신을 극복한 한 인간에 관한 이야기입니다. 조지 6세의 아버지인 조지 5세가 별세하자 그의 형인 에드워드 8세가 즉위합니다. 새 국왕이 된 에드워드 8세는 두 번째 이혼 소송을 진행 중인 월리스 심슨과의 결혼을 준비합니다. 하지만 왕실의 도덕성을 요구하는 국민의 비난 여론과 의회, 정부 모두의 반대에 부딪히게 됩니다. 결국 에드워드 8세는 동생인 조지 6세에게 양위 의사를 밝히고 왕위에서 물러나는데요. 조지 6세는 앨버트 왕자 시절부터 병약했을 뿐 아니라 무척 소심한 성격이었다고 합니다. 말더듬이 증상도 있어서 사교적이고 대범한 형 에드워드 8세와 늘 비교 대상에 놓이곤 했습니다. 자연스럽게 그는 왕위에 관심을 두지 않고 왕위 계승자로서의 수업도 전혀 받지 않습니다. 그런 조지 6세에게 왕위 계승은 인생의 대전환점이 됩니다. 영국 국민들은 말더듬이 왕을 딱히 반기지 않았습니다. 그럼에도 조지 6세는 왕족으로서의 책임감과 애국심을 바탕으로 심기일전하고 부인과 어머니, 그리고 언어치료사 라이오넬 조지로그의 도움으로 개인적 트라우마를 극복해냅니다. 영화의 마지막 장면에서 연설을 성공적으로 마치고 나온 조지 6세에게 그의 언어치료사는 "아직도 w 발음은 더듬으시는군요"라며 농담을 건네고, 이에 조지 6세는 "그것도 더듬지 않는다면 내가 아니지"라고 재치 있게 응수합니다. 이 장면은 조지 6세가 자신의 약점이나 상처를 인정하고 이를 극복해냈다는 것을 보여줍니다. 소심한 성격에 말더듬이 증상까지 있는 조지 6세였지만, 본인의 의지와 주변 사람의 도움으로 그는 훗날 영국에서 존경받는 국왕으로 남게 됩니다.

　인도에서는 덩치 큰 코끼리가 가냘픈 말뚝에 묶여 있는 경우를 볼 수 있다고 해요. 조금만 힘을 주면 단박에 뽑아내이 자유를 누릴 수 있을 것 같은데, 코끼리는 절대 그러지 않습니다. 어렸을 적부터 말뚝에 묶인 채로 길들여졌기 때문이라고 합니다. 벗어나려고 애써봐야 소용없다는 것을 오랜 세월 경험하고 학습한 탓이죠. 그래서 성장한 이후에도 발에 어느 정도 장력이 느껴지면 곧장 말뚝 가까이 돌아가게 된다고 합니다. 3자의 입장에서 보자면 한심스럽게 보여질 수도 있으나 생각보다 이와 비슷한 경우를 우리 주변에서도 자주 목격할 수 있습니다. 우리는 어제까지 겪었던 경험과 학습 내용을 토대로 우리 자신을 규정하고 있는 것은 아닐까요.

　직속상관의 퇴사가 염려되는 직장인, 왕이 되고 싶은 마음이 없는 말더듬이 왕, 자신보다 작은 말뚝에 묶여 있는 코끼리. 모두 과거의 경험을 바탕으로 자신의 모습을 규정 짓고 그 안에 스스로를 가두어두고 있습니다. 다행히 조지 6세는 자신의 트라우마를 깨고 존경받는 국왕이 됩니다. 이렇듯 본인의 의지가 확고하다면 주변의 도움을 얻어 극복해낼 수 있습니다. 시간을 내어 나의 모습이 인도 코끼리와 같지는 않은지 살펴볼 필요가 있어요. 자신의 과거가 자신의 현재와 미래를 붙잡고 있는 것이 아닌지 점검하는 일은 충분한 가치가 있습니다. 조지 6세가 그러한 과정을 통해 본인 스스로도 나아지고 국민들에게도 보탬이 되는 삶을 살았던 것처럼 말이죠.

당신은 이미 충분한데 당신만 모르고 있는 것은 아닌지 점검해보세요! 작은 말뚝에 매어 그 주변만 빙빙 맴도는 것은 비단 인도 코끼리만의 이야기가 아닐지도 모릅니다. 본인이 그런 상황에 놓여 있을 수 있으며 만약에 그런 부분이 있다면 과감하게 끊어내야 합니다. 자유를 갈망하는 코끼리라면 자신을 붙들고 있는 유약한 말뚝을 뽑아버릴 필요가 있습니다. 그리고 그 힘은 이미 내재되어 있어요. 다만 그만한 힘이 있다는 사실을 모르고 있을 뿐이죠. 만약 당신의 지난 과거가 현재와 미래를 붙잡지 않도록 해야겠다 마음먹었다면 『데미안』, 『수레바퀴 밑에서』 같은 성장소설로 유명한 작가 헤르만 헤세의 명언이 도움될 것입니다.

우리 마음은 우리가 그려놓은 편견을 넘어
날아갈 수 있는 능력을 가지고 있다.

– 헤르만 헤세

05
이거 하려고 그렇게 힘들었던 거 맞아

매년 11월이면 수능 시험이 돌아옵니다. 제가 대입 시험을 본 지 어언 20년 가까이 되어가더라고요. 여러분과 제가 10년 가량 차이가 나니 여러분도 수능 본 지 제법 되어가겠네요. 저는 서른다섯이 넘어가면서부터 뭔가 꺾이는(?) 듯한 느낌이 오더라고요. 노화를 실감하는 나이에 접어든다고 해야 하나? 신체적으로는 본격적인 하강 곡선을 그리고 있음을 느낄 수 있었어요. 체력, 피부의 탱탱함 등은 아무리 발버둥 쳐도 괄목할 만한 진전을 보이기는 어렵지 않을까 생각하곤 했습니다. 나이 먹는 게 달갑지 않고 왠지 쓸쓸한 일인 것처럼 여겨졌습니다.

그런데 지난 수능 시험일에 생각해보니, 20년 전 수능 칠 때나 10년 전 여러분만 한 나이일 때보다 지금 좋아진 점도 있겠다 싶었어요. 2018년도 수능 시험 하루 전날, 수험생들이 하지 못하는 걸 하고 싶었습니다. 괴팍한 생각일 수도 있겠지만 그 친구들은 누리지 못하고 저는 누릴 수 있는 걸 해보고 싶더군요. 내일 당장 수능이 끝나면 수험생들은 저보다 훨씬 많은 자유를 누리겠지만, 일단 오늘만큼은 저에게만 부여된 자유를 만끽하고 싶었습니다. 보통 수능 시험 하루 전날은 고사장을 확인하고 그날 밤 초조한 심경이 되어 잠 못 이루잖아요. 수험생들이 밤잠을 설칠 때 저는 하고 싶은 것을 하며 잠도 잘 자고 싶었습니다.

2018년도 수능 시험 하루 전날 저녁, 저는 영화 〈완벽한 타인〉을 봤습니다. 아이들 다 재우고 22시쯤 상영하는 영화라면 집사람도 별말 안 하거든요^^; 졸린 눈을 비벼가면서 봤습니다. 영화가 재미있기도 했지만 눈물이 찔끔 난 건 웃다가 새어 나온 눈물인지 하품하다 흘린 눈물인지 분간이 가질 않았습니다. 분명한 건 약한 강도의 웃음 코드에서도 저는 일부러 소리 내어 웃었던 것 같아요. 심야 영화라 관객도 많지 않은 덕분에 더 크게 웃을 수 있었습니다. 그렇게 저의 자유를 잘근잘근 씹어 먹었습니다. 아주 맛있는 시간이었어요. 수험생들은 불안함에 이불킥하고 있을 때 누린 자유라서 그런지 더욱 달콤하게 여겨지더군요. 사실 20년 전 저라면 상상할 수조차 없었던 시간이지요. 저도 그 시절엔 불안에 떨며 기도 드리는 마음으로 잠들었던 것 같습니다. 부자유의 상태였던 거지요. 그러나 20년이 지난 지금은 그때보다 많은 자유를 누릴 수 있게 되었습니다.

이렇듯 10년 전 여러분만 한 나이일 때보다 좋아진 점도 있어요. 여러분을 보고 있으면 '청춘', '희망', '기대' 이런 낱말들이 떠오르고 내심 부러운 마음이 들기도 합니다. 하지만 마냥 부러워만 하고 있기에는 제가 너무 밑지는 것(?) 같잖아요. 그래서 나이 들어 좋은 점에 대해 가만히 생각해보니 아무래도 젊은 시절보다 '여유'가 좀 생겼다는 점 같아요. 10년 전인 20대 시절보다 시간적, 경제적으로 넉넉해졌다고 할 수 있죠. 저만의 특별한 얘기는 아니고, 대부분의 사람들이 20대보다는 30대에 좀 더 여유를 갖게 되잖아요. 20대 후반에서 30대 초반 사이 직업 생활을 통해 수입이 발생하는 경우가 일반적일 테니까요.

흔히 어른들은 학생들에게 "아무 생각 않고 공부할 때가 가장 좋은 거야!"라고 얘기하고 학창 시절로 돌아가고 싶다는 말까지 하지만, 저는 정말 그러고 싶지 않더라고요. 그때보다는 지금이 더 좋은 것 같아요. 하고 싶은 걸 할 수 있는 자유도(自由度) 측면에서 볼 때 학창 시절보다 지금이 더 나아졌기 때문입니다. 여러분도 10년 전 중학생일 때보단 지금이 더 좋아진 것 같지 않나요? 그때는 부모님 용돈 타가면서 떡볶이, 순대 정도밖에 못 먹었지만 이제는 스스로 번 돈으로 더 다양한 옵션들을 즐길 수 있으니까 말이죠. 물론 남들이 볼 때는 별것 아닌 성장이고 보잘것없는 여유일 수 있어요. 하지만 저는 과거의 자신보다 지금 저의 모습이 더욱 만족스럽습니다. 그런 관점에서 앞으로 10년 후,

20년 후가 기대되더라고요. 결국 나이 먹는 게 꼭 쓸쓸함을 더하는 일만은 아니다 싶었습니다. 여러분도 마찬가지일 거라 생각해요. 10년 전에 비해 더 좋아졌듯이 앞으로 10년 후는 지금보다 더 나아질 겁니다.

우리가 겪는 하루하루는 반복되는 일상이고 가끔 힘이 들기도 합니다. 매일 밀어닥치는 생활 속에서 내가 성장하고 있다는 느낌을 받기는 어렵죠. 하지만 장기적인 관점에서 한번 들여다보자구요. 길게 보면 우리는 모두 성장하고 있습니다. 가끔 재학생들을 대상으로 사무실 체험 프로그램을 진행하고 있어요. 학생들을 만나보면 2학년과 4학년 학생들의 근무 자세나 이해 정도에 상당한 차이가 있습니다. 제 생각에는 3학년에 하는 실습 경험 유무 때문이 아닌가 싶어요. 저도 항해사 실습 시절을 돌아보면 라면 끓이고, 커피 타고, 노래방에서 탬버린 흔든 기억밖에 없는데 그 시간들 가운데서도 보고, 듣고, 느끼면서 성장하는 것이 있었구나 새삼 느꼈습니다. 제 기억 속에는 커피 탄 기억밖에 없지만, 선배들을 따라다니면서 저도 모르게 몸에 배인 경험들이 항해사로 근무하는 데 있어 많은 도움이 되었어요. 그러고 보면 허투루 보내는 시간은 하나도 없는 것 같아요.

여러분, 지금도 마찬가지입니다. 직장 초년에는 아무래도 조직 내 막내생활을 하면서 허드렛일을 맡게 되곤 하는데 '내가 이거 하려고 힘들게 공부했나~' 이런 생각 들 때도 있겠지요. 하지만 그런 시간들 가운데서 자신도 모르게 커가고 있다는 사실을 잊지 않았으면 합니다. 저에겐 실습생 시절 커피(coffee) 탄 기억밖에 남아 있지 않음에도 그 시간들이 훗날 도움이 되었던 것처럼, 여러분도 직장 초년 시절 카피(copy)만 하는 것 같지만 시간이 지나면 직업인으로 훌쩍 성장해 있음을 느낄 수 있을 겁니다. 우리가 보내는 시간 중에 의미 없는 시간은 없어요. 그 의미를 더하기 위해 순간에 최선을 다하는 여러분이 되었으면 합니다.

우리가 보내는 시간 중에
의미 없는 시간은 없다.

06

공동체라는 이름의
강화 효과

2018년 한 해가 저물어갈 무렵 사내 워크숍에 참석했습니다. 외부 강사를 초빙하여 이틀간 연수하는 프로그램이었는데요, 교육생들은 대여섯 명씩 5개의 그룹을 지어 조별로 앉아 있었습니다. 이틀간의 교육이 거의 끝나갈 무렵 교육생들에게 종이가 한 장씩 배포되었습니다. 교육을 마칠 즈음이다 보니 처음에는 설문조사인 줄 알았지만 살펴보니 여타의 설문지와는 분위기가 다르고 독특한 구성으로 되어 있었습니다. 자세히 보니 설문지가 아닌 논리퍼즐 게임이었습니다. 교육 종료 시간인 오후 여섯 시까지는 아직 30분 정도 남아 있었고, 막간의 시간을 때울 수 있는 요긴한 오락거리였습니다.

당시 받아 든 자료는 다음과 같습니다.

이야기	개인	팀	정답
주인이 자기 상점 전깃불을 껐을 때 한 남자가 나타났다			
그 남자는 강도였다			
그 남자는 돈을 요구하지 않았다			
금전등록기를 연 남자는 주인이었다			
누군가가 금전등록기를 열었다			
돈을 요구한 남자가 금전등록기에 들어 있던 것을 꺼내 달아났다			
금전등록기에 돈은 있었으나 이야기에서는 그 액수를 밝히지 않았다			
그 남자는 주인의 돈을 요구했다			
이야기의 내용에 나오는 사람들은 세 사람이다			
어떤 사람이 돈을 요구했고 금전등록기가 열렸으며, 그 안에 있던 것이 꺼내어졌고 한 남자가 재빨리 밖으로 사라졌다			

제시문을 보고 추론할 수 있는 옳은 문장에는 동그라미, 틀린 문장에는 가위표, 알 수 없는 문장에는 세모 표기를 하는 게임이었습니다. 우선 개인별로 제시문을 읽고 정답을 기입하는 시간이 주어졌습니다. 약 10분 정도 시간을 갖고 난 뒤 조별로 토의를 시작했어요. 각 문장들에 대해서 개인별로 정답이라고 생각하는 이유와 근거를 제시했고 의견을 나누었습니다. 그렇게 다시 10분 가량 시간을 보낸 뒤 강사가 정답을 불러주었습니다. 환호과 탄식을 표하는 "우와"가 연이어 터져 나왔죠.

채점이 끝나갈 무렵 강사가 전해준 얘기가 인상 깊었습니다. "제가 이 게임을 여러 차례 진행해봤지만, 통상 개인별 답안보다는 조별 공동 답안이 점수가 높게 나옵니다. 다양한 생각들을 함께하고 의견을 나누는 과정에서 좀 더 정답에 근접해가는 경우가 많습니다." 강사의 경험에 근거한 얘기였지만, 표본의 수를 크게 늘려 많은 게임을 돌려보아도 마찬가지 결과를 얻을 것이라 짐작할 수 있었습니다. 우리는 혼자 하는 생각보다는 다른 사람의 생각도 들어보고 나의 생각을 조정하는 과정에서 문제 해결의 실마리를 찾는 경우가 많기 때문입니다.

우리 조상들은 사회적 협력을 통해 사자, 호랑이와 같은 맹수들과 대적할 수 있었습니다. 만약 사회적 협력이 없었다면 사자나 호랑이를 만날 때마다 줄행랑을 쳐야만 했을 거예요. 아마 협력이 있기 전 조상님들도 처음에는 항상 도망만 다니지 않으셨을까요? 사자, 호랑이와 일대일로 붙어서 우리가 이겨낼 재간은 없습니다. 하지만 자꾸 도망만 다니니 피곤하기도 하고 살아남기 위해 몇몇 훌륭한 조상님들이 모여 대책회의를 했을 것입니다. "자자, 모여봐! 우리가 맨날 도망만 다닐 게 아니라 어떤 대책을 강구해봐야 되지 않겠나?" 이런 고민들이 응집되어 해결책이 나오고 도구가 개발되었을 것입니다. 협의를 통해 나온 도구를 이용하고 협력하여 공격할 수 있었던 덕분에 우리는 강한 존재가 되었습니다. 오늘날 사자, 호랑이는 우리가 마음만 먹으면 동물원 우리 안에 가둘 수도 있습니다. 이 과정에서 정확히 사회적 협력 부분만을 덜어낸다면, 우리는 지금까지도 사자와 호랑이를 피해 다녀야 했을 것입니다. 어쩌면 대부분의 조상님들이 맹수들에게 잡아먹히고 우리는 이 자리에 존재조차 하지 않았을지 모릅니다. 사회적 협력과 소통이 없었다면 말이죠.

> 인간이 무리 짓기 좋아한다는 데는 의문의 여지가 없다. 집단을 이루고 살면 포식자나 적으로부터의 보호에 유리해져 생존과 번식 가능성이 높아졌다. 부족을 이루려는 기질은 사회적 연결에 대한 인간 본연의 갈증뿐만 아니라 외로움의 고통스러운 영향도 설명해준다. 타인의 존재가 우리를 잘못된 길로 이끌기도 하지만, 타인의 부재는 우리를 훨씬 더 험한 길로 몰아 넣을 수 있다.
>
> – 마이클 본드, 『타인의 영향력:
> 그들의 생각과 행동은 어떻게 나에게 스며드는가』
> 문희경 역, 어크로스, 2015

우리는 누구나 혼자일 때 외로움을 느낍니다. 이런 감정을 대처하는 데 있어 더 잘하거나, 덜 잘하는 차이만 있을 뿐입니다. 적어도 외로움이 불쑥 밀려오는 느낌이 드는 것은 모두에게 동일합니다. 하지만 이러한 감정이 오랜 진화의 과정을 거쳐 형성된 자연스러운 것이라고 하니 한편으로 다행스럽습니다. 외로움이나 고독감이 밀려오면 자연스러운 감정임을 인정하고 주변 사람들에게 조용히 손 내밀어봅시다. 그들도 외로움에 시달리고 있을지 모릅니다.

워크숍 논리퍼즐 게임을 할 때 처음 10분 가량 개인 답안 작성 시간을 가졌습니다. 아마 혼자서는 1시간을 썼더라도 답안이 크게 달라지지 않았을 것 같아요. 외로움과 싸우며 머리를 쥐어뜯었겠죠? 하지만 주변 동료와 함께한 10분은 나의 견해를 수정하고 외로움을 덜 수 있는 계기가 되었으며 결과적으로 정답률도 매우 향상되었습니다. 조별 답안의 정답률이 눈에 띄게 높았고, 이는 다른 조도 마찬가지였습니다. 지금 옆에 있는 사람과 한번 해봅시다. 정답은 마지막에 따로 공개하겠습니다. 게임의 규칙대로 먼저 혼자서 한번 풀어보고, 옆 사람과 함께 토의한 정답을 비교해보세요. 나와 우리 팀이 했던 게임의 결과(단체의 정답률이 올라가는 경향)와 비슷하게 나오리라 조심스럽게 예상해봅니다.

#정답 공개!

△-△-×-△-○-△-△-△-△

07

혼밥도 좋지만
가끔은

"밥 먹자!"

이 얼마나 정겨운 얘기인가요! 우리는 먹지 않고 살 수 없습니다. 먹
는 활동을 좋아하지 않는 이들조차 생명 유지를 위한 최소한의 식사를
하기 마련입니다. 식구(食口)의 한자어를 살펴보면, 어려울 것 없이 그
저 '밥 먹는 입'이더라고요. 식구라는 단어는 비단 혈연관계에 있는 소
수만을 대상으로 하는 게 아니라 함께 '밥 먹는 입'이면 그 순간 모두 다
'식구'인 것입니다.

혼밥이 유행이고 경우에 따라서 혼자 밥 먹는 경우가 생기곤 하지
만, 일반적으로 식사라고 하면 누군가와 어울리면서 음식을 함께 나눠
먹는 것을 얘기하지요. 함께 나누고 싶은 말이 있을 때, 누군가 보고 싶

을 때 우리는 "밥 한번 먹자~!"는 제안을 합니다. 그리고 상대가 그 제안에 흔쾌히 동의하면 기분이 좋아지죠.

오후에 오랜만에 출장을 다녀온 후배에게 내일 점심 함께하지 않겠냐며 식사 제안을 했습니다. 후배는 흔쾌히 동의했고 나의 기분은 좋아졌으며 내 식구가 한 명 더 늘었습니다. 어떤 맛있는 걸 먹을지 행복한 고민을 해봐야겠습니다.

밥은 서로 나눠 먹는 것….
그리고 계산은 각자 하는 것….

08 밖이 지옥이라고?
회사도 전쟁터야!

요즘 회사 일을 마치고 집에 돌아오면 한바탕 전쟁을 치르고 복귀한 병사가 된 기분입니다. 정말로 힘들게 일한 날은 모든 에너지를 소진한 것 같죠. 퇴근 후 겨우겨우 집으로 발걸음을 옮깁니다. 그리고 인간관계, '따로 또 같이' 지내는 게 미덕이겠습니다만 그게 어디 말처럼 쉬운 일이겠습니까? 이런저런 상처를 끌어안고 천신만고 끝에 집에 도착하면 문을 여는 순간 "이제 안전하다!"라는 안도감과 함께 긴장의 끈을 다소 놓게 됩니다. 사무실에서는 놓을 수 없었던 긴장의 끈이 팽팽하게 당겨져 있다가 비로소 느슨해지는 것 같은 느낌을 받습니다. 사실 집에 와서도 마냥 편하게 지낼 수 있는 형편은 아니지만 그래도 바깥생활보다는 낫다는 생각이 듭니다. 이래서 집은 나만의 왕국이며 헌법에서도 주거의 자유를 보장하고 있나 봅니다. 외부인이 저의 허락 없이 집에 들어오려면 검사가 발부한 영장을 갖고 들어와야 할 것입니다.

드라마 〈미생〉에 보면 "회사가 전쟁터라고? 밖은 지옥이야!"라는 대사가 나오죠. 아마도 조직을 떠나 개인 사업 등 독립하게 되는 경우 맞이하는 상황이 녹록지 않음을 나타낸 표현 같습니다. 저의 과민한 반응일 수도 있으나 이 대사를 처음 들을 땐 직장생활 힘들다 푸념하는 사람들에게 약간 조롱을 섞어 하는 얘기처럼 들리더라고요. 회사 밖의 환경이 녹록지 않은 것도 사실이지만, 회사 안도 결코 만만치가 않습니다. '밖은 지옥이지만, 회사도 전쟁터'입니다. 어느 누가 지옥보다 전쟁터가 만만한 곳이라고 쉽게 얘기할 수 있겠습니까? 지옥이든 전쟁터든 둘 다 겪어보지 않았기 때문에 알 수 없지만 설사 둘 모두 경험한 분이 있다 할지라도 지옥보다 전쟁터가 쉬운 곳이라고 쉽게 말하진 못할 것입니다.

그래도 회사가 전쟁터라는 비유는 제법 그럴듯해 보입니다. 전쟁은 승리, 기업은 이윤 추구가 목적입니다. 둘 다 분명한 목표가 있지요. 가고자 하는 방향이 정해져 있습니다. 구성원들은 자기가 속한 집단이 추구하는 방향을 따라야 합니다. 조직이 개인 사정을 모두 들어줄 수는 없는 노릇이지요. 삭막하게 지내자는 얘기는 아니구요.(전쟁 통에도 웃으며 지낼 일이야 있지 않겠습니까?) 기본적으로 근무 시간 동안 내가 머물러 있는 공간이 특수한 목적을 갖고 있는 주체(기업. 국가 등)가 제공한 장소라는 의식을 가질 필요가 있습니다. 지나친 낭만과 기대는 스스로를 다치게 할 수 있어요.

어떤 다큐 프로그램에서 잘나가는 기업의 사장님 인터뷰를 스치듯 봤는데요. 그 사장님은 일하기 좋은 환경을 만드는 데 상당한 노력을 하시는 것 같더라고요. 방송 내용도 회사가 직원들에게 파격적으로 제공하는 근무 환경이나 복지에 초점이 맞춰져 있는 듯했습니다. 사장님이 인터뷰 중에 "회사에서 좀 놀면 안 됩니까? 놀면 안 되나요?"라고 말씀하시는 걸 봤어요. 저로선 충격 그 자체였습니다. '아~ 저런 회사도 있구나' 싶었지요. 저도 '좀 놀아도 되는 회사'에 다녀보고 싶습니다만 그쪽에서 저를 받아줄지는 의문이네요. 아마도 상당한 창의력을 요하는 회사가 아닐까 싶어요. 어쨌든 우리가 흔히 생각할 수 있는 회사는 아니겠죠. 흔한 회사라면 방송에 나올 리도 없고요.

회사는 원래 힘든 곳이고 전혀 아름답지 않은 곳입니다. 저는 우리가 그걸 받아들여야 한다고 봐요. 원래 아름답지 않다고 생각하면 역설적으로 좋은 점이 보이기도 하거든요. 그 사실을 알면 아름답지 않은 일을 견디는 데 조금 도움이 되지 않을까요?

— 정현주·윤대현, 『픽스 유』
오픈하우스, 2017

회사는 힘든 곳이라는 말에 동의하는 편입니다. '좀 놀아도 되는 회사'는 어쨌든 저와 멀리 떨어진 얘기인 것 같고요. 미디어에 비춰진 모습만이 전부일 거라 여기지도 않습니다. 어디든 힘든 곳이겠지만 조직의 일원이 되어 열심히 일한 대가로 임금을 받는 것도 대단한 일이라 생각합니다. 밖이 지옥이지만 회사도 전쟁터이니, 별 탈 없이 생환하여 돌아오신 분들 모두 응원과 격려를 받을 자격이 됩니다. 지옥에서 살아남는 것만 대단한 일 아니잖아요? 전쟁터에서 살아남는 것도 얼마나 쉽지 않은 일입니까?

지옥이든 전쟁터든 오늘도 힘겨웠을 여러분,
오늘 하루도 수고 많으셨습니다.

회사는 아름다운 곳이 아닌데
가끔 아름다운 일이 일어나기도 한다.
그러니, 기쁘다. 여기까지만 생각한다.

— 정현주 · 윤대현, 「픽스 유」
오픈하우스, 2017

09 호의가 계속되면
권리인 줄 알아요

"호의가 계속되면 그게 권리인 줄 알아요." 영화 〈부당거래〉에 나오는 대사입니다. 극 중 검사로 나오는 배우 류승범이 경찰들과 실랑이를 벌이며 하는 대사지요. 2010년에 나온 영화이고 저는 당시 직장생활을 하는 성인이어서 극장에서 봤는데, 여러분은 그때 뭘 하고 있었나요? 고등학생이었다면 청소년관람불가 영화이니 영화를 볼 수는 없었겠네요. 그런데 어쩐지 익숙한 말이지 않나요? 여러분이 2010년에 무엇을 하고 있었든지 간에 이제는 저 대사가 우리 모두에게 적용될 수 있을 듯해요. 저는 류승범 씨의 저 대사가 제법 인상적이었습니다. 여러분도 앞으로 직장생활을 하면서 한두 번은 겪게 될 일이 아닐까 생각합니다. 영화에서 대사가 나온 배경은 일단 제쳐두고 대사만 잘라놓고 봤을 때, 생각할 거리를 던져주는 것 같아요.

팀 간 협업을 통해 진행하는 프로젝트가 하나 있었습니다. 여러 사람이 모여 진행하는 일이 그렇듯 서로 미루어가며 니미락내미락 하는 상황이 전개되었습니다. 선뜻 나서기가 그래서 저도 잠자코 있었지요. 가만히 앉아 있는데 저에게 맡겨지는 업무가 하나둘 불어나기 시작하더니 감당하기 어려울 정도가 되었습니다. 회의석상에서 완곡한 표현을 사용하며 업무 분장의 부당함을 어필해보았지만 소용없었습니다. 저보다 선임이신 분들이 죽 앉아 있으니 더 이상 뭐라 하지도 못하겠더라고요. 그렇게 업무를 잔뜩 받아 들고 터덜터덜 자리로 돌아왔습니다. 자리에 앉아 생각해보니 이건 아무래도 안 되겠다 싶은 거예요. 해야 할 일이 20가지이고 일할 사람이 10명이면 한 사람당 두어 개씩 업무를 가져가는 게 합리적인 업무 분장이잖아요. 정확히 숫자는 기억나지 않지만 저는 당시 비슷한 상황에서 5개 분량의 업무를 할당 받은 것 같았습니다. 일을 많이 하게 돼서 억울하다기보단 이 상태로는 좋은 결과를 기대하기가 어렵겠더라고요. 여러 가지 일을 동시에 진행하다 보면 아무래도 각각의 업무에 대한 효과성, 효율성이 떨어질 것 같았습니다. 저보다 선배인 담당자에게 연락해서 말했습니다.

"아무래도 제가 해야 할 게 너무 많은 것 같습니다. 투정 부리는 게 아니라 이래선 좋은 결과를 기대하기 어렵습니다. 시간이 정해져 있는데 과도한 업무가 주어지면 하나하나에

정성을 들일 수가 없습니다."

"그래? 그럼 진작 말을 하지. 업무 분장 다시 하자."

진작에 얘기 안 한 거 아니었는데⋯⋯.-;; 얼마 지나지 않아 새롭게 업무 분장을 하였습니다. 담당자가 몇 명 더 추가되고 이전보다 공평하게 할 일들을 나누었죠. 놀라운 변화는 그 다음부터 있었습니다. 저의 경우 업무량이 줄어드니 맡는 업무에 효율을 더할 수 있었습니다. 그리고 프로젝트에 새롭게 합류한 인원들의 역량도 향상되는 것이 눈에 띄었습니다. 결과 또한 좋을 것으로 예상되었습니다.

저에게 밀려드는 업무를 무조건 받아들이기만 할 게 아니라 적당히 거절하니 모든 게 좋아졌습니다. 그동안 거절을 제대로 하지 못해서 저 자신을 힘들게 할 뿐만 아니라 주변 사람들까지도 힘들게 했던 것은 아닐까 생각해보았습니다. 제대로 거절하는 게 모두에게 좋다는 사실을 예전엔 전혀 몰랐거든요. 저는 제가 좀 힘들더라도 좋은 게 좋은 거 아닐까 막연히 생각했었습니다. 결과적으로 저의 오산이었습니다. 소위 서로 미루는 니미락내미락 하는 상황을 제가 못 견디는 편인데, 그럴 때마다 업무를 자처해서 떠안은 기억이 있습니다. 그때의 기억이 타인들에게도 각인되어 저의 이미지로 굳어진 것 같습니다. 한동안 그게 잘하고 있는 것이라 착각하고 지냈는데 사실 그건 잘한 일이라고 할 수 없는 것이, 스스로 감당하지 못할 일로 인해 결과가 좋지 않았고 본인의 마음이 상했을 뿐만 아니라 후배들이 일을 배울 수 있는 기회도 박탈되었습니다. 그동안 거절을 잘 하지 못하는 자신을 합리화해온 건 아닌지 반성하게 되었습니다. 사람은 합리적인 존재가 아니라 합리화하는 존재라고 하잖아요.

회사 밖에서 친하게 지내던 분이 있었습니다. 어느 날 자료를 요청하시는데 제가 드리기 곤란한 자료였어요. 사정을 말씀드렸더니 서운하다고 하시더라고요. 이후로 그분과 예전처럼 지낼 순 없었습니다. 조금 거리를 두게 되었지요. 흥미로운 건 적당한 거리를 두기 시작하니 제 마음이 편하고 좋더라고요. 예전의 저라면 상상하기 어려웠을 겁니다. 그동안 어지간한 부탁은 곧잘 들어주곤 하였는데, 인맥도 다이어트가 필요하다 싶었습니다. 군살은 덜어내고 보기 좋게 몸매를 가꾸듯 사람 관계도 가꾸는 활동을 해야겠더라고요. 의식적으로 가꾸지 않으면 감당하지 못할 군살로 인해 힘들어지듯이 흐리멍덩한 대인관계가 방향을 잃게 할지도 모릅니다.

'던바의 수'라는 것이 있다고 해요. 옥스퍼드대 로빈 던바 교수가 주창한 이론인데, 진정한 사회적 관계라 할 수 있는 인맥의 최대치는 150명에 불과하다는 내용입니다. 즉 던바의 수는 150을 의미합니다. 로빈 던바 교수는 영장류의 사교성 연구 결과, 신피질의 크기가 영장류의 그룹 규모에 영향을 미친다는 것을 밝혀냅니다. 신피질이 클수록 지인이 많은데 이를 인간에게 적용해보니 인간의 친분관계는 최대 150명이라고 추정하고 있습니다. 긴밀한 인간관계는 15명 내외에 불과하다고 하네요. 이는 우리 생활에서도 쉽게 확인할 수 있는데요. 휴대폰에 저장된 번호나 페이스북 같은 SNS에 등록된 사람이 300명이 넘어도 실제로 연락을 주고받는 관계는 150명 안쪽이라는 데서 어느 정도 수긍이 가능한 주장이라고 생각합니다.

상대의 무리한 요구에 매번 좋게 넘어가는 것이 항상 좋은 결과를 가져오는 것은 아닙니다. 상대의 요구로 인해 내가 걱정이 되어 밤잠 설칠 정도라면, 단호한 마음가짐이 필요할 때도 있어요. 이 험난한 세상에서 여러분은 자기 스스로를 보호할 수 있어야 합니다. 그렇다고 이기적이 되란 말은 결코 아니구요. 우리가 물리적으로 유의미한 인간관계를 맺을 수 있는 숫자가 150 이하임을 참고하여, 대인관계에 필요 이상 자신을 혹사시키지 않았으면 하는 바람으로 드리는 말씀입니다. 또한 거절을 잘하면 거절을 둘러싼 관계자 모두가 행복(happy)해지는 결과를 기대할 수 있다는 것도 염두에 두었으면 해요. 보통은 거절하면 큰일 날 것 같은 우려와 까칠한 인간으로 낙인 찍히면 어쩌나 하는 걱정에 거절을 잘 못 하잖아요. 항상 그런 건 아니니까 자신을 보호하기 위한 조치로써 거절도 고려해보았으면 합니다. 다른 사람이 더 좋아지는 것은 덤이라고 할 수 있죠. 저는 거절을 통해 저 자신뿐만 아니라 다른 사람도 좋아지는 경우를 겪어봤습니다. 여러분도 거절에 자신감을 가지면 좋겠어요. 어떠한 경우라도 '호의가 계속되어 그게 권리인 줄 아는' 상황은 연출되지 말아야겠습니다. 10년 전 혼신의 힘을 다해 연기하는 류승범 씨의 모습이 새롭습니다.

"호의가 계속되면 그게 권리인 줄 알아요."

거절을 잘하면, 모두가 행복해질 수 있다.
괜한 스트레스 받지 말자.

10
뒷담이 나를
힘들게 할지라도

나와 웃으며 잘 지내던 사람이 뒤에서 내 험담을 했다거나, 자신이 누군가의 뒷담화를 해본 적 있나요? 저는 두 가지 경우를 모두 겪어보았습니다. 특히 후자의 경우는 밝히기 부끄럽기도 하지만 용기를 내어 얘기해봅니다. 제가 어떤 분 뒷담화를 한 적이 있어요. 그런데 그 내용이 그분 귀에 들어갔나 봅니다. 우여곡절 끝에 그분이 제가 했던 무가치한 말을 들었다는 사실을 알게 되었습니다. 아마도 저라는 사람에 대해 실망감을 느끼셨을 거라 생각합니다. 불행인지 다행인지 제가 전후 사정을 듣게 된 날은 금요일 퇴근 무렵이었어요. 아직도 그날의 기억이 생생하네요. 퇴근하고 집에 가는 내내 괴로웠습니다. '나는 이 정도밖에 안 되는 사람인가? 뒤에서 동료 뒷담화나 하는 형편없는 놈이었나?' 제 자신이 싫어졌고 심지어 역겨운 감정까지 느껴졌습니다. 자기혐오감에 빠져 있었던 것 같습니다. 아파트 엘리베이터를 타고 우리 집이 위치한 층에 도착하였을 때는 꾹꾹 눌러 참아왔던 헛구역질이 올라왔습니다. 곧장 집으로 들어가지 못하고 호흡을 가다듬었습니다.

집에 와서도 그날 밤잠을 이루지 못했어요. 문자 그대로 뜬 눈으로 밤을 새워야만 했습니다. 그나마 다행인 건 다음 날이 주말이라 한숨도 자지 못했어도 출근에 부담은 없었다는 점입니다. 그때 마침 첫째 아이가 배가 아프다고 하는 바람에 토요일 오전 일찍 일어나긴 했습니다. 단순한 배탈인 줄 알고 병원을 찾았는데, 장염 진단을 받게 되면서 입원을 해야 했으니 일찍 병원을 찾은 게 잘한 일이긴 했죠. 급하게 집으로 돌아와 옷가지를 챙겨 입원 준비를 하면서 문득 이런 생각을 하였습니다. '아이가 아픈 것처럼 나도 어딘가 아픈 거 아닐까? 마음 어딘가 아프니 그런 말과 행동을 한 것이다. 며칠 병원에 입원해 치료받는 것처럼 내 마음의 병도 치유하면 좋겠다'고 그 와중에도 자괴감을 떨쳐내지 못했습니다.

금요일에 한숨도 못 잔 데다가 병원의 낯선 환경 탓인지 토요일 역시 잠을 설쳐야만 했습니다. 이래저래 고역이었지만 저 자신을 돌아보는 시간은 됐던 것 같습니다. 돌이켜 생각해보니 제가 했던 몹쓸 말은 저도 의식하지 못했던 낯선 저의 모습이었습니다. 이제 와서 뒤늦은 후회일 수도 있겠지만 그런 말을 내뱉은 자신을 받아들이기 힘들었고 도저히 이해가 되지 않았습니다. 하지만 현실이었고 저는 인정할 수밖에 없었습니다.

상당히 힘든 시간을 보내고 난 뒤 한 가지 결론에 도달하게 되었습니다. '나는 그렇게 형편없는 인간은 아니다. 아주 가끔 나를 낳아준 부모님이나 심지어 내가 낳은 자녀에 대해서도 순간적으로는 미운 감정이 올라올 때가 있지 않은가. 그런 것들은 결코 평소 나의 주도적인 감정이 아니다. 그때도 순간적으로 그분에 대한 미움의 감정이 올라온 것뿐이다. 지인들끼리 있는 공간에서 그 감정이 일시적으로 불거져 나온 것이고 어쩌다 보니 그분이 그 지점을 포착했을 뿐이다. 그로 인해 나에게 서운한 감정을 가질 수는 있겠지만 그렇다고 내 인격 전부를 재단하지 않았으면 좋겠다. 그때 그 찰나의 나는 형편없는 놈일 수 있지만, 전반적으로 봤을 때 나는 좋은 사람이다.'

시간이 지나면서 자기합리화 과정을 거친 것일 수 있지만, 저는 그렇게 형편없는 사람이 아니라는 확신이 들었습니다. 제가 1년 365일 틈만 나면 동료 뒷담화를 하는 사람은 아니기 때문입니다. 오히려 보이는 곳에서든 보이지 않는 곳에서든 이왕이면 좋은 말을 해서 분위기를 원만하게 가져가려는 성향이 있습니다. 그러나 우리 의식 건너편 저 너머에는 거대한 무의식이 자리하고 있습니다. 부모님은 나를 있게 해준 고마

운 분들이고 자식들은 눈에 넣어도 아프지 않을 만큼 사랑스런 존재이
지만 평소 아무리 사랑해도 순간적으로는 미움의 감정이 올라와 저도
모르게 큰소리치기도 하지요. 물론 순간적인 감정일 뿐 결코 주도적인
감정은 아닙니다. 아마 그런 장면들만 모아서 본다면 저는 세상에서 제
일 못된 불효자요, 가장 나쁜 아빠라고 해야 할 것입니다. 악마의 편집
이라고 하죠^^; 그렇게 '사람은 입체적'이라는 생각을 하니 마음이 조
금은 편안해졌습니다.

물론 마음이 한결 가벼워졌다는 것이지 뒷담화를 한 일이 결코 잘한
일이라고는 생각하지 않습니다. 이번 일을 계기로 저의 부족한 모습을
인지할 수 있었고 앞으로 고쳐나가야겠다 다짐할 수 있었습니다. 그날
이후로는 본인 앞에서 할 수 없는 얘기는 그 사람의 뒤에서도 하지 않
기 위해 애쓰고 있습니다. 의식을 갖고 주의를 기울여서 입과 손끝에서
엉뚱한 말이 튀어나오지 않도록 점검하고 있습니다. 의식을 갖고 주의
를 기울이기 시작하니 탄력이 붙더군요. 이제는 무심코 남을 험담하는
대화에 참여하지 않게 되었고 거의 반사적으로 그런 일을 피하게 되었
습니다.

또 한 번은 이런 일도 있었어요. 이번엔 반대로 저와 잘 지내던 분이
뒤에서 제 험담을 하더라는 소식을 듣게 된 것입니다. 제가 앞의 경험

을 미리 하지 못했다면 아마 상당한 충격에 빠졌을 것 같습니다. '어떻게 나한테 이럴 수 있나' 곱씹으며 사나흘 잠도 잘 못 잤겠지요. 하지만 '아…. 사람이니 그럴 수 있겠다. 나에 대한 순간적인 감정으로 말했을 뿐 나에 대한 주도적인 감정은 아닐 거다. 사람은 원래 그렇게 입체적인 거니까'하고 넘어갔습니다. 그리고 저를 험담했다는 분과 예전과 다름없이 잘 지내고 있으며 앞으로도 잘 지낼 생각입니다. 사실 전해 들은 뒷담화의 내용이 강도가 좀 센 편이었어서 옛날의 저 같으면 그분에 대해 달리 생각하거나 대면하기 어색해질 법도 한데 그러지 않았습니다. 오히려 내가 그랬던 것처럼 그분도 그럴 수 있겠다 여기니 마음 편히 받아들일 수 있었습니다. 사람은 입체적이며 누구나 여러 가지 면을 가지고 있습니다.

사람은 본래 입체적이지만, 그렇다고 해서 일부러 입체적으로 생활할 필요는 없습니다. 입에 쓴 약이 몸에 좋은 것인지 그때 경험할 당시엔 상당히 고통스러웠지만, 지금은 쓴 약을 다 삼키고 많이 좋아졌습니다. 말과 글을 조심스럽게 사용하려고 의식하니 나의 입과 손끝에서 새어 나가는 말과 글도 의식의 필터를 거쳐 여과되고 있는 느낌입니다. 대화하다 거친 말을 내뱉는 상대를 보면 '아이고, 저분 저래선 안 되는데' 속으로 안타까운 마음이 들 정도입니다. 아이의 손을 잡고 병원에서 퇴원하던 날, 아이의 치료도 무사히 잘 마치고 제 마음의 병도 깨끗

하게 치료된 것 같았습니다.

제가 이 에피소드를 말씀드리는 이유는 혹시나 여러분도 저와 같이 비슷한 경우를 겪게 된다면 너무 마음 쓰지 않았으면 해서입니다. 겪지 않으면 가장 좋겠지만, 혹여 비슷한 일을 겪게 되더라도 '사람은 원래 입체적이다'라고 가볍게 생각해보세요. 그걸 인정하면 받아들이기 편해질 뿐만 아니라 내 안에서 쓸데없는 말이 튀어나오려 할 때 입을 틀어막을 수 있게 됩니다. 가급적 저 같은 경우를 겪게 되지 않기를 바라지만 정말 만약 비슷한 일을 겪게 된다면 자괴감과 걱정으로 밤새 뒤척이지 않았으면 좋겠어요. 사람은 원래가 입체적임을 인정하며 몸과 마음 건강히 잘 지내길 바랍니다.

사람은 입체적이다.
입체적인 모습의 일면을 보게 되더라도
그러려니 하자.

11
≋

나를 위한
예쁜 말씨

일상생활에서나 직장생활에서 통화든 대면이든 대화할 일이 참 많죠? 대화는 나와 직간접적으로 관계 맺고 있는 사람들과 의사소통하는 데 유용한 수단입니다. 이때 말끝을 살짝만 올려보세요. 우리말에는 없는 개념인 억양(intonation)을 살려 이야기해보는 거죠. 대화 중간중간 마지막 음절에 강세(accent)를 주면, 어느덧 대화에 리듬감이 실리고 나도 모르는 사이에 즐거운 대화가 된답니다.

나에게서 말이 나갈 때, 0.1초 잠시 멈춘다는 생각으로 말을 가다듬고 생기 있는 말을 건네도록 합시다. 내 기분이 다소 처져 있더라도 일단 '나가는 말'을 기분 좋게 하면 상대방도 즐거운 마음으로 대화에 임하게 됩니다. 심지어 자신의 기분까지 고양될 수 있습니다. 신기하죠? 내가 언짢은 상태에 있더라도 웃으면서 얘기하면 나의 기분이 나아진

다니. 우리가 웃으면 뇌는 행복해서 웃는 거라 착각하고 행복한 감정을 만들어준다고 합니다. 그러니 행복한 감정 상태에 머물고자 하면 뇌를 속일 필요가 있지요. 일단 웃는 표정을 지으면 행복한 감정 상태가 된 다고 하는데 안 웃을 이유가 없잖아요. 밑져야 본전인데 우선 표정이라 도 밝게 지어보는 것은 어떨까요? 몇 번 시험해보다 나에게 안 맞는 방 식이라면 그때 그만둬도 되겠습니다.

기분 좋게 말을 건네는 것이 꼭 상대를 의식하거나 좋은 인상을 얻기 위해 하는 행동은 아닙니다. 내가 먼저 기분 좋게 대하면, 흥미롭게도 내 기분이 고양됩니다. 어떻게 보면 나 좋자고 하는 일이죠. 상대를 위 해서가 아니라 나를 위해서 기분 좋은 말을 하는 겁니다. 웃는 표정으 로 얘기하느냐 찡그린 표정으로 얘기하느냐 선택지가 있다면 웃는 표 정으로 얘기하는 게 합리적인 선택입니다. 왜냐하면 모든 대화는 나와 상대가 있는 사회적 관계 내에서 이루어지는데, 웃는 표정으로 얘기하 면 대화 참여자 중 하나인 나의 기분이 좋아지면서 사회적 효용이 증대 되기 때문입니다. 좋은 인상을 얻는 건 덤 되시겠습니다.

'소문만복래(笑門萬福來)'. 웃는 얼굴에 복이 깃든다고 하죠? 그냥 하 는 얘기가 아니라 나름대로 근거가 있는 얘기더라고요. 우리는 감정에 따라 표정이 좌우된다고 생각하지만 사실은 표정을 어떻게 하느냐에 따라 감정이 좌우되기도 합니다. 즐거워서 즐거운 표정이 나올 수 있지만, 즐거운 표정을 함으로써 즐거운 감정을 느낄 수 있는 것이죠. 다시 말해, 표정과 감정의 사이는 일방향이 아니라 쌍방향인 것입니다. 도식화하면 이렇습니다.

감정 → 표정 (△)

감정 ↔ 표정 (O)

심리학 용어 가운데 '제임스-랑게' 이론은 신체의 생리적인 변화가 감정을 만들어낼 수 있다고 보는 관점입니다. 예컨대 슬퍼서 우는 것이 아니라 울기 때문에 슬프고, 기뻐서 웃는 것이 아니라 웃어서 기쁜 감정을 느끼게 된다는 것이죠. 1884년 윌리엄 제임스(William James)가 제안한 가설로 이후 덴마크 심리학자인 칼 랑게(Carl Lange)가 이를 지지하며 '제임스-랑게' 이론으로 불리게 되었습니다. 이를 뒷받침하는 근거로 '안면 피드백 가설(facial feedback hypothesis)' 실험을 들 수 있지요. 참가자들을 두 집단으로 나누어 동일한 만화책을 보도록 하되 첫 번째 그룹은 볼펜을 코와 윗입술 사이에 물게 하여 찡그린 표정을 짓게 하고, 두 번째 그룹은 볼펜을 위아래 어금니 사이에 물게 하여 웃는 표정을 짓도록 하였습니다. 결과는 두 번째 그룹이 첫 번째 그룹보다 훨씬 더 재미있게 보았다고 평가했습니다. 똑같은 내용인데도 찡그린 표정으로 보느냐, 웃는 표정으로 보느냐에 따라 결과가 달리 나왔습니다. 음악을 들려주면서 고개를 계속 끄덕거리며 듣게 한 그룹이 고개를 가로저으며 듣게 한 그룹보다 긍정적 평가를 내리더라는 실험 결과도 있습니다.

'제임스-랑게' 이론은 학문 용어이다 보니 비판을 받을 때도 있지만, 저는 경험상 타당해 보이는 견해인 것 같아요. 감정이 표정을 항상 지배하고 표정은 감정에 종속되어 이를 드러내기만 할 뿐이라는 편견은 거두었습니다. 표정을 달리함으로써 어느 정도 감정 조절이 가능하다고 생각해요. 순간적인 분노의 감정을 느끼더라도 곧장 화내지 않고 10초 정도만 시간을 가지면 분노의 감정이 사그라지곤 하잖아요. 또한 인간은 망각의 동물이라 시간이 지나면 왜 화가 났는지조차 잊어버리곤 합니다. 물론 분노의 감정도 내가 느낄 수 있는 소중한 감정이지요. 하지만 분노가 치밀어 오를 때마다 곧장 내뱉게 되면 좋은 결과를 기대하기 어렵습니다. 우발적인 사고의 대부분은 순간적인 분노를 참지 못해 일어나는 경우가 많습니다. 분노를 무조건 억누르자는 게 아니라 잘 다스리자는 얘기예요. 왜, 실없이 잘 웃는 친구들 보게 되면 나도 모르게 따라 웃으면서 기분이 살짝 좋아지잖아요. 같은 맥락으로 이해할 수 있을 것 같습니다.

네트워크를 수학적으로 분석한 결과, 나의 친구가 행복할 경우 내가 행복할 확률은 15% 높아진다. 내 친구의 친구에 대한 행복 확산 효과는 10%이고, 내 친구의 친구의 친구에 대한 행복 확산 효과는 6%로 나타났다. 우리는 행복한 친구가 1명 추가 될 때마다 9%씩 행복해질 확률이 증가한다. 그리고 불행한 친구를 추가할 때마다 행복해질 확률은 7% 감소한다. 자신의 감정적 행복을 위해서는 행복한 친구가 더 많이 있는 게 중요하다.

– 니컬러스 크리스태키스 · 제임스 파울러 『행복은 전염된다:
하버드대가 의학과 과학으로 증명해낸 인간관계의 비밀』
이충호 역, 김영사, 2010

행복은 전염된다고 합니다. 하버드 의대에서 과학적 근거를 갖고 증명한 사실이라고 하네요. 이 명제가 맞다면 내가 즐겁기 위해서라도 주변을 즐겁게 할 필요가 있을 것 같아요. 다시 말해 주변을 즐겁게 하는 것이 내가 즐겁기 위한 좋은 방법이 될 수 있습니다. 대화할 때 말끝에 살짝 강세를 주는 가벼운 조치를 함으로써 즐겁고 기분 좋은 대화를 이끌어가는 여러분이 되길 바라요. 여러분 스스로가 먼저 행복하고, 그 행복을 나눠줄 수 있는 행복 바이러스가 되어보시기 바랍니다.

대화나 통화할 땐 110% 톤으로 말하기 ↗

12

프로에게
'다음'은 없다

구도(球都.야구의 도시)라 불리는 부산에서 나고 자란 저는 '롯데자이언 츠'의 열렬한 팬입니다. 오랜 시간 롯데자이언츠를 응원하긴 했지만 야 구 자체를 사랑하기도 합니다. 비록 저의 홈팀인 롯데자이언츠가 진출 하지 못하는 때라도 매년 진행되는 코리안 시리즈는 챙겨 보고 있습니 다. 코리안 시리즈는 매년 가을마다 챔피언을 결정하기 위해 7전 4선승 제로 진행되는 야구 경기입니다. 2009년 가을, 기아 타이거즈와 SK 와 이번스가 최강자를 가리기 위해 접전을 벌일 때였습니다. 7차전까지 벌 이며 명승부를 펼치는 두 팀을 보고 아버지는 승부가 나지 않는 답답함 에 울컥하셨는지 이런 말씀을 하셨습니다.

"왜 만날 코리안 시리즈는 7차전까지 가노? 저거 전부 짜고 하는 거다. 돈 벌려고 쇼 하는 거다!"

저 역시 어린 시절, 다시 말해 아마추어일 때, 음모론에 빠져 있었습니다. 음모론은 뭔가 묘한 쾌감을 가져다줍니다. 남들은 잘 모르는 사실(대부분은 착각이지만)을 나만 알고 있는 것 같은 우월감을 느끼게 해주기 때문입니다. 그런데 세월이 흘러 막상 제가 프로로서 살아보니 그게 아니었습니다. 한국 시리즈는 쇼를 위해, TV 수신료를 위해, 관중 동원을 위해 7차전까지 가는 것이 아니었습니다. 애당초 그러한 각본을 짜놓고 선수들이 경기에 임할 리가 없습니다. 그 근거는 선수들의 플레이 하나하나가 내년 연봉 협상에 영향을 미치기 때문입니다. 생각해보세요. 투수가 허구한 날 홈런 맞고, 타자가 타석에 들어설 때마다 삼진 당했다고 칩시다. 당장 내년 연봉이 삭감되고 집에 있는 처자식이 먹고살 길이 없어지겠죠. (승부 조작은 논외입니다.) 홈런 맞기 위해 마운드에 올라가는 투수는 없습니다. 마찬가지로 병살타를 치기 위해 타석에 들어서는 타자도 없습니다. 선수들은 지고 싶지 않아서, 이기기 위해 모두가 최선을 다하기 때문에 명승부가 펼쳐집니다. 그렇게 엎치락뒤치락하다 보니 7차전까지 가게 되는 것이죠. 그라운드 위에 있는 모든 선수들은 자신들의 승리를 위해 최선을 다해 뛰고 있음이 틀림없습니다. 따라서 한국 시리즈 7차전 음모론은 지금 생각해보면 터무니없는 얘기입니다. 실제로 약간 재미없는(?) 야구를 구사하는 김성근 감독님께선 2010년 내리 4연승하는 것으로 한국 시리즈를 무척 싱겁게 끝낸 적이 있습니다.

프로와 아마추어의 차이는 '다음'이 있고 없고의 차이 같습니다. 홈런 맞은 투수 모두가 유쾌한 기분은 아니겠지만 아마추어는 비교적 괜찮습니다. 감독은 "다음에 잘하면 되지, 뭐… 힘내라!" 이렇게 말해줄 수 있죠. 오히려 실패의 원인을 분석하고 보다 나은 선수가 될 기회를 가질 수 있습니다. 하지만 프로의 세계는 '다음'이 용납되지 않습니다. 홈런 맞고 성적이 나빠지면 그와 함께 연봉도 떨어집니다. '다음'이 없습니다. 승부에 대해 결과로 보여줘야만 하는 것이 냉엄한 프로의 세계입니다. 투수들이 공 던지는 모습을 한번 보세요. 이를 악물고 사력을 다해 던집니다. 어찌나 이를 악무는지 통상적으로 투수들의 치아 상태는 좋지 않다는 이야기도 있습니다. '다음'이 있고 없고의 차이가 프로와 아마추어의 차이이기 때문에 인정하고 싶진 않지만 프로의 세계에선 과정보다 결과가 중시되는 것 같습니다. 일단은 이기고 봐야 되는 게 프로입니다. 김성근식 야구쯤 될까요? 좀 재미는 없지만 일단 이기고 봐야 하는 야구. 프로의 세계에선 필요한 자질일 수 있습니다.

여러분도 학업을 마치고 프로의 세계에 입문하였으니 한 번 정도는 곱씹어 생각해볼 문제입니다. 과정은 정의롭고 공정하되, 반드시 결과를 내야 합니다. 직장상사에게 보고할 때도 마찬가지입니다. 이런저런 사유로 했다, 못했다 형식의 보고는 그다지 환영받을 수 없습니다. 했다, 못했다 결과가 먼저 나오고 원인은 그다음입니다. 어쩌면 상사는 결과까지만 들고 그 이후를 듣고 싶어 하지 않을 수 있습니다. 홈런 맞은 투수가 덕아웃으로 돌아와 홈런을 맞게 된 이유에 대해서 구질구질하게 설명하지 않잖아요. 결국 피홈런 1개입니다. 프로는 결과를 내는 것이 중요하다는 점을 염두에 두고 지내면 좋겠습니다.

2009년 코리안 시리즈 7차전은 9회 말에 나지환 선수의 끝내기 홈런으로 경기가 끝났습니다. 홈런을 친 나지환 선수도, 투수였던 채병용 선수도 끝내 눈물을 보였습니다. 그 눈물의 의미를 조금이라도 이해할 수 있는 사람들은 감히 코리안 시리즈가 '짜고 치는 고스톱'이라고 함부로 얘기할 수 없을 것입니다.

> # 2009년 코리안 시리즈 7차전 끝내기 홈런.
> 홈런 친 타자도 홈런 맞은 투수도 모두 울었다.

13

달콤하고 위험한
퇴사 열풍

저의 집에는 회사 사령장이 두 개 있습니다. 이직을 했던 것은 아니고, 두 개 모두 지금 있는 회사에서 받은 사령장입니다. 그동안 회사를 나갔다가 다시 들어왔거든요^^; 젊었을 때 소위 일 한번 저질러보겠다고 나갔다가 무참히 실패하여 얌전히 다시 돌아온 케이스입니다. 휴직 제도를 이용했다면 그나마 순탄했을 텐데, 들고 나는 과정이 약간 소란스러웠습니다. 제 개인적으로 그랬다는 얘기고, 회사 입장에서는 별다른 영향이 없었을 겁니다. 그때그때 적합한 자원을 뽑아서 배치하는 일련의 과정에 제가 맞물려 들어간 것이겠죠. 어쨌거나 저로서는 스스로 박차고 나왔음에도 회사에서 다시 받아주어 고마울 따름입니다.

요즘 퇴사 학교, 1인 기업이 열풍입니다. 하지만 저는 이런 분위기가 조금은 불편합니다. 시대가 변함에 따라 1인 기업가들도 많이 생겨나고 사회적 수요가 분명히 있는 분야이긴 하지만 모두가 1인 기업이 될 수는 없고 되어서도 안 된다고 생각합니다. 왜냐하면 직업의 세계는 다양하고 세상이 필요로 하는 니즈 또한 천차만별이기 때문입니다. 때로는 극단적인 가정이 상황을 이해하는 데 도움이 될 때가 있습니다. 모든 직업인들이 조직을 박차고 나와 1인 기업가가 된다고 가정해봅시다. 그러면 로켓을 우주로 쏘아 올리는 나사(NASA)나 휴대폰을 만드는 애플, 삼성과 같은 기업은 존재조차 할 수 없을 것입니다. 별로 좋은 세상은 아니지요?

심지어는 이런 비유도 보았습니다. 조직의 일원으로 일하는 것은 낙타의 삶이요, 개인으로 일하는 것을 사자의 삶이라는 표현을 본 적 있습니다. 낙타는 어딘가에 예속된 삶이고, 사자는 자유분방하고 힘 있는 삶이란 얘기입니다. 이 정도 비유를 보면 살짝 오싹한 기분이 듭니다. 낙타를 벗어나 하루빨리 사자가 되고 싶은 마음이 일지요. 하지만 세상엔 낙타도 있고, 사자도 있기 마련입니다. 자연계는 낙타를 필요로 하고 사자도 필요로 합니다. 각자 저마다의 역할이 있고 서로 맞물려서 돌아가고 있습니다.

사실 회사에서의 하루하루는 힘겹습니다. 내가 원하는 일도 아니고 사람관계도 쉽지 않습니다. 하지만 내가 원하는 일을 찾는 건 생각만큼 쉬운 일이 아니고, 사람관계는 어딜 가나 더욱 쉽지 않은 문제입니다. 그런데 요즘의 1인 기업, 퇴사 열풍은 회사를 나가기만 하면 내가 원하는 일이 펼쳐지고 사람관계도 좋아질 것만 같은 환상을 조장하고 있습니다. 모두가 좋아하는 일만 하면서 수익을 만들어낼 수는 없습니다. 세상엔 다양한 사람들이 존재하고 어울리며 살아가고 있어요. 그만큼 수요도 복잡다단합니다. 1인 기업가가 채워줄 수 있는 소비자의 욕구가 있고, 규모가 큰 산업이 세상을 채워주는 부분이 있습니다. 1인 기업이 아파트를 지을 수 있나요? 조직의 기반 없이 누군가 개인적으로 로켓을 쏘아 올릴 수 있을까요? 불가능한 일입니다. 개인이 할 수 있는 일이 있고 조직이 할 수 있는 일이 있습니다. 그리고 조직은 개인을 필요로 합니다.

'열정을 따르라'는 조언은 달콤하지만 때로 위험합니다. 사실 대부분의 사람들이 열정을 보이는 분야는 직업 세계와 동떨어져 있습니다. 주말마다 사회인 야구나 조기 축구회에 가는 사람들의 열정을 보시죠. 직장인이라면 더욱 이해할 수 있을 것입니다. 밤낮없이 직장에서 일을 하고 모처럼 쉬는 휴일 이른 아침부터 피곤한 몸으로 활동하는 것은 만만치 않은 일입니다. 열정만큼은 프로선수 못지않게 대단합니다. 하지만 그런 열정을 가진 사람들의 수에 비해 프로 운동선수로 활동할 수 있는 사람은 극소수인 것이 엄연한 현실입니다. 한 설문조사에 따르면 열정을 쏟는 분야가 있다고 답한 이들의 90퍼센트가 스포츠, 음악, 예술 분야라고 하였습니다. 하지만 직업 세계에서 스포츠, 음악, 예술 분야와 관련된 일자리는 3퍼센트에 불과하다고 합니다. 이 경우 '열정을 따른 비극'이 발생하는 것은 불을 보듯 뻔한 얘기입니다.

냉정해지셔야 됩니다, 여러분. 적어도 먹고사는 문제에 있어서만큼은 그래야 합니다. '과감하게 되사하라, 1인 기업가가 돼라'는 캐치프레이즈에 맹목적으로 휘둘려선 안 됩니다. 물론 1인 기업 시장은 성장세에 있고 앞으로 전망도 밝다고 생각합니다. 하지만 내가 그만한 역량이 되는지는 따로 떼어놓고 생각해봐야 할 문제입니다. 1인 기업이나 독립이 아니라 이직을 고려할 때도 마찬가지입니다. 내가 내놓을 만한 역량이 있고 그것이 유통 가능한지를 판단해봐야만 합니다. 성공한 사람들도 있겠지만, 아직 알려지지 않은 수많은 실패자가 있음도 알아차려야 합니다. 저처럼 시도했다가 실패한 사람들은 조용히 숨죽여(?) 지내기 때문에 드러나지 않는 법입니다. 막무가내식 열정팔이는 미래의 비극을 약속하는 법이니 주의해야 합니다.

직장생활 2~3년차쯤 되면 '내가 이러려고 대학까지 나왔나?' 자괴감이 들기도 하고 여기저기 기웃거리게 됩니다. 물론 여러분들이 진정 하고 싶은 일이 있고 시장가치도 충분하며 승산이 있는 곳이라면 과감하게 도전해보라고 권하고 싶습니다. 하지만 먹고사는 문제가 최우선 과제입니다. 먹고사는 게 먼저고 꿈은 그 다음입니다. 그리고 그 책임은 나이가 들수록 더욱 무겁게 다가올 것입니다. 1인 기업, 퇴사 학교, 다 좋은데요. 여러분의 아이템으로 문제를 해결할 수 있는지는 점검해보아야 합니다. 혹시 지금 당장 힘들다는 이유 때문에 감언이설에 속아 환상을 꿈꾸고 있는 건 아닌지 살펴봐야겠습니다. 책임이 뒤따르지 않는 선택, 그건 용기가 아니라 비겁한 행위이기 때문입니다.

먹고사는 게 먼저고 꿈은 그 다음입니다.

14

그래도
긍정이 답이다

매년 여름방학, 겨울방학 기간이 되면 사내에 인턴 직원들이 배치되곤 합니다. 졸업을 앞둔 4학년 학생들을 위한 사무실 체험 프로그램이죠. 8주의 기간 동안 각 팀에 1명의 인턴 사원이 배정되고, 인턴 사원들은 매주 새로운 팀을 순환근무하는 형태입니다. 사무실 직원의 입장에서 보면 매주마다 새로운 인턴 사원이 배치되는 셈이죠. 저는 팀 내에서 인턴 사원의 관리 업무를 맡게 되었고, 주마다 제 옆자리엔 처음 보는 인턴 사원이 앉아 생활하였습니다.

8주 동안 매일 새로운 사람과 근거리에서 지내는 건 독특한 경험이었습니다. 흥미로운 점은 십인십색(十人十色)이라는 말이 있듯이 학생마다 개성이 있고 나름의 분위기가 있는 것 같더라고요. 22~23세 정도의 학생들은 제 눈엔 마냥 어려 보이지만 사실 생각해 보면 짧게 살았다고 할 수만은 없는 나이입니다. 저만 하더라도 정신적 성장을 게을리 해서 그런 건진 몰라도 그 나이 때 했던 생각들이나 지금 하는 생각들이나 별반 차이가 없는 것 같아요. 이번 8주 동안 새로운 여덟 명의 청년들과 호흡을 맞춰보면서 '20대 초반만 되더라도 뭔가 굳어지는 게 있다'는 걸 느꼈습니다. 본인의 가치관, 자세 등이 이미 확고히 자리를 잡으면서 앞으로 남은 삶도 그대로 흘러갈 가능성이 많겠다는 생각을 해봤어요.

8주의 시간 동안 새로운 사람이 오고 떠나는 패턴이었지만, 같은 시간을 보내더라도 어떤 학생은 인상에 깊게 남고 어떤 학생은 이름조차 가물가물한 경우가 있었습니다. 개개인마다 나름의 '분위기' 같은 게 뿜어진다는 걸 느꼈습니다. 1.5m²의 한정된 공간을 채우는 나름의 아우라가 모두에게 있습니다. 그 아우라는 주변에 영향을 미치는 요소가 되기도 하지요. 그리고 사람이 떠난 자리에는 잔향(殘香)이 있더군요. 저와 결이 맞는 학생에게 좀 더 애정이 갔음을 부인할 수 없지만, 어쨌든 밝고 긍정적으로 생활하는 친구들에게 관심이 가더라고요. 그런 친구들은 다음에 만나더라도 반갑게 인사할 수 있을 것 같고, 다음에 다시 만나길 바라는 마음까지 들기도 합니다.

반면 어딘가 어둡고 쓸쓸한 분위기의 친구들도 있었죠. 지나치게 경직되어 있거나 가끔 인턴이라고는 믿기지 않을 만큼 긴장감 없이 지내는 학생들도 있었습니다. 사무직 근로자들이 근무 시간에 인터넷을 전혀 하지 않고 지낼 수는 없겠지만, 아무리 그래도 엉덩이를 쭉 빼고 걸터앉아 마우스 굴리는 모습을 보자고 인턴을 두진 않잖아요? 그런데 정말 그런 친구들 간혹 있었습니다. 일을 잘하고 못하고를 떠나 열의와 관심이 부족한 친구들과는 다음 만남이 그다지 기대되지 않습니다.

사람이 이성적인 것 같아도 사실은 감정에 자주 휩쓸리잖아요. 오죽하면 '이성은 감정의 노예'라는 말도 있겠습니까? 이성의 힘을 발휘하고 또 회복해야겠지만, 감정이 미치는 영향력 또한 무시할 수 없습니다. 저는 어둡고 부정적인 사람들보단 밝고 긍정적인 사람들에게 끌립니다. 저뿐만 아니라 다른 많은 분들도 밝고 긍정적인 사람들에게 마음의 문을 여는 것 같습니다. 그래서 저는 스스로가 밝고 긍정적인 사람이 되기로 결심했습니다.

제가 후배 사원을 직접 챙기고 간접적으로나마 인사고과를 해본 것은 처음이었는데요. 누군가를 평가하는 일도 결코 쉬운 일만은 아니었습니다. 저의 평가가 개인에겐 중대한 이슈가 될 수도 있는 일이기 때문입니다. 근무 평정을 할 때, 당연히 피고과자와 있었던 일을 떠올리게 됩니다. 여러 가지 기억이 떠오르지만 역시나 기본적인 태도나 자질이 많은 영향을 미치는 것 같습니다. 그런데 저도 당연히 피고과자로서 평가를 받게 되잖아요? 고과하시는 분들 역시 제가 지금 거치는 프로세스를 갖고 평가하시겠구나 하는 생각이 들면서 저 자신을 돌아보게 되었습니다. 소위 딸랑딸랑 비위를 맞추고 알랑거리는 것보다는 스스로 당당하고 밝게 행동하는 긍정적인 생활과 자세가 필요하겠구나 싶었습니다.

앞서 20대 초반의 학생들도 가치관, 태도 등이 상당 부분 굳어져 있다는 말씀을 드렸습니다. 여러분도 이제 20대 중후반에 들어서니 더 굳어지기 전에 자신의 가치관이나 습관 등을 되돌아보시기 바랍니다. 여러분은 분명히 젊고, 언제든 희망을 갖고 새로 시작할 수 있는 시절이지만 관성의 법칙도 무시할 수 없어요. 잘못된 방향으로 굳어진 건 없는지 살펴보시기 바랍니다. 저는 20대를 한참 지났지만 그래도 마흔이 되기 전까지 고치고 싶은 습관들을 정리하고 내 얼굴에 책임질 수 있는 사람이 되어야겠어요. 링컨 대통령이 말하길 사람 나이 마흔이면 자기 얼굴에 책임을 져야 한다고 했다네요. (저도 슬슬 긴장해야겠습니다:;) 다음에 만날 때, 계속 만나고 싶은 사람이 될 수 있는 우리가 되자구요.

당신이 밝고 긍정적이면 주변 사람도 당신에게
밝고 긍정적인 태도를 보여줄 것이다.
기운이 좋고 긍정적이며 밝은 사람에겐
사업도 운도 사람도 따라 붙는다.

– 김승호, 『알면서도 알지 못하는 것들: 가장 기본적인 소망에 대하여』
스노우폭스북스, 2017

PART

03

인생 선배
김 과장의 따뜻한 조언

01

우리 인생에
봄이 찾아올 때

지금까지 입춘이 '入(들 입)'에 '春(봄 춘)'자인 줄 알았다.
그런데 알고 보니 '立(설 입)'에 '春(봄 춘)'자였다.

생각해보면, 봄은 문을 열어젖히고 단박에 오는 게 아니었다.
오히려 봄은 아지랑이처럼 모락모락 다가오는 것이었다.

유난히도 추웠던 이번 겨울,
뼛속까지 스며드는 세찬 바람을 견뎌냈다.
절망과 고통 속에서 희망과 기쁨이 찾아오듯
봄은 언젠가 반드시 우리 곁에 올 것을 믿는다.

그 환희의 순간은 단박에 오는 것이 아니라,

모락모락 피어나듯 내 주변을 감싸며 다가올 것이다.

앞으로 나에게 몇 번의 봄이 남아 있는지 몰라도,
어떻든 다가오는 봄날을 반갑게 맞이할 것이다.

입춘의 뜻을 처음 제대로 알고 반성하는 마음에서 지은 산문시입니다. 저는 정말 입춘이 入(들 입)인 줄 알았어요. (여러분 중에도 그런 분 계시죠?^^) 봄은 순간적으로 밀어닥치는 게 아니라 서서히 일어선다는 의미에서 立(설 입)을 쓴다고 하네요. 새로운 뜻을 알고 보니 뭐든지 단박에 이뤄지는 것 없는 우리 인생사와 비슷하다는 생각이 들었습니다.

겨울은 마냥 지속되지 않습니다. 언젠가 봄에 자리를 내어주고 스스로 때가 되면 물러날 것입니다. 짧지 않은 인생을 살아가는 데 이런저런 고충이 많겠지만, 어려움에 부닥치더라도 봄은 서서히 오고 있으며 우리는 조금씩 성장해가고 있다는 믿음을 가졌으면 해요. 지금 겪는 고통과 어려움은 결코 영원하지 않습니다. 그러니 "이 또한 지나간다"는 마음을 되새기면서 슬기롭게 견뎌내길 바랍니다. 봄은 언제나 우리를 향해 다가오고 있습니다.

봄을 이기는 겨울은 없다.

02

우리 이대로
괜찮을까?

직장이나 국가 등 우리가 구성하는 사회는 저수지와 같습니다. 멀리서 보면 변화를 감지하기 어렵지만, 끊임없이 새로운 물이 유입되고 한때 저수지를 점유했던 물은 아래로 흘러나갑니다. 멈추지 않고 순환해야만 저수지가 유지될 수 있습니다. 사회에서도 적절한 유출이 있고 적절한 유입이 있어야만 선순환을 이룰 수 있습니다. 만약 유입, 유출 어느 한쪽에서 제대로 된 기능을 하지 않으면 저수지는 금세 오염되고 말 것입니다. 최근 저출산 문제가 심각한 사회 문제로 대두되고 있고, 국가에서 출산 장려를 위한 각종 제도 마련에 분주한 것도 같은 맥락으로 볼 수 있습니다. 저수지로 치자면 유입을 어느 정도 수준으로 끌어올리기 위한 노력입니다.

그런데 이 유입과 유출이 자연스럽지 못한 경우가 있습니다. 자연스럽지 못한 마침표는 비명(非命)을 뜻합니다. 뜻밖의 사고로 제명대로 살지 못하는 경우도 있으나 요즘 우리 사회는 스스로 목숨을 끊는 행위로 몸살을 앓고 있기도 합니다. 우리나라는 2003년 이후 지금까지 OECD 회원국 가운데 자살률 1위라는 불명예를 안고 있죠. 사회를 이루는 기본 단위인 개인이 끊임없이 자살을 선택한다는 건 그 개인이 속한 집단이나 사회가 그만큼 병들어 있다는 의미입니다. 자살은 개인의 불행이기도 하지만 사회적 불행이기도 한 것입니다. 실제로 각 국가마다 자살률을 통계로 그 사회의 건강한 정도를 가늠한다고 합니다. 유별나게 죽고자 하는 유전자를 타고난 개인이 있는 것이 아니라 사회나 집단이 자살로 내몰고 가는 환경을 조성하고 있다는 얘기입니다. 가령 자살률이 높은 우리나라 인구 전체를 복지 시스템이 잘 갖춰진 북유럽으로 모두 이주한다고 가정하면 자살률이 현격히 낮아지지 않을까요? 반대로 북유럽 인구 전체를 지금의 대한민국으로 옮겨온다 하면 어떤 결과가 나올까요? 어렵지 않게 짐작할 수 있는 대목입니다. 다시 말해 자살은 개인의 고통뿐만 아니라 공공의 문제와도 연결되어 있습니다.

그래도 비교적 자살이라는 문제는 나와 동떨어진 이야깃거리로 치부했습니다. 하지만 예상하지 못한 것을 예상해야 한다는 말(Expect the unexpected)처럼 뜻밖의 일들이 주변에서 생겨나기 시작했습니다. 일면식도 없는 사람이지만, 나와 똑같은 과정을 거쳐 사회에 나온 후배들이 젊은 나이에 스스로 목숨을 끊었다는 소식을 접하게 된 것입니다. 몹시 안타까웠습니다. 20대 청년들의 임종 소식을 연이어 듣게 되면서 무엇이 그들을 마지막 순간으로 내몰았는지 가슴이 아팠습니다. 인생의 마지막 페이지를 스스로 덮는 게 어떤 느낌일지, 그것도 책의 전반부를 읽다가 덮게 되는 좌절감이 어떠한 것인지 생각해보게 되었습니다.

언젠가 들었던 20대 초반 3등 항해사의 사고 소식은 다소 충격적이었습니다. 보통 서둘러 떠나고자 마음먹었다면 실종되는 방식을 택했을 법한데, 그는 배가 부두에 정박해 있는 상태에서 스스로 생을 마감합니다. 바다가 아닌 육상 측 부두에 몸을 던진 것입니다. 선박이 접안하면 통상적으로 매우 분주합니다. 입출항 수속, 선박 정비, 하역 작업 등으로 눈코 뜰 새 없기 마련입니다. 그는 여느 때와 다름없이 일을 하다가 잠시 화장실 다녀오겠다는 말을 남기고, 본인이 살아온 20년 남짓한 시간에 선박에서 떨어지는 찰나의 순간을 보태어 생에 마침표를 찍습니다.

자살이라는 용어가 바람직하지 못하다는 견해가 있습니다. 자살이라는 말 대신 '자유죽음'이라는 표현이 알맞다는 뜻입니다. 자신의 죽음은 자신이 선택할 수 있으며 삶이 죽음보다 고통스럽다면 그 삶을 끝낼 자유도 있다는 말이죠. 물론 생명에 대한 선택권은 각자에게 귀속되며 누구나 그 권리를 누릴 수 있다고 생각합니다. 하지만 이러한 결과는 너무도 가슴 아프고 안타까운 일입니다. 혹시 남은 자들의 고통을 생각해볼 수는 없었는지, 설령 남은 자의 고통을 차치하더라도 남은 삶의 페이지를 보고 싶은 마음이 전혀 없었는지 조심스럽게 묻고 싶었습니다. 예전에는 볼 수 없었던 젊은 청년들의 연이은 자살. 개인의 문제로 치부하기엔 너무나도 두드러지고 있는 현상입니다. 모든 유사 사고에 대해 일신상의 사유로만 처리할 것인지, 옆에서 손을 내밀어줄 순 없었는지, 우리 집단은 건강하다며 환부를 도려내듯 그들만의 속사정이라며 외면해도 되는 것인지 돌아볼 필요가 있습니다.

저는 이런 비극이 가급적 일어나지 않기를 바랍니다. 하지만 돌이킬 수 없는 길을 선택하고 마는 청년들을 위해 나라는 작은 존재가 할 수 있는 일은 그리 많지 않다는 데 좌절감을 느끼기도 합니다. 한때 삶에 대한 공허함으로 생의 마지막 순간을 생각했던 저이기에 더욱 그들이 안타깝게 느껴지는 것일 수도 있습니다. 어려움에 처하더라도 계속해서 소중한 하루하루를 살아나가길 바라는 마음으로, 제가 살아가는 마음가짐에 대해 지금의 젊은 후배들에게 전하고 싶다는 생각이 들었습니다. 회사 프로그램으로 시작된 직장 내 멘토이지만 우리 멘티들이 직장뿐 아니라 인생을 살아가는 데 있어서도 조금이나마 힘이 되기를 바랍니다.

자살은 개인의 불행인 동시에 사회적 불행이다.

03 나 좀 괜찮은 사람인 것 같다

토요일 어느 봄날의 오후, 기분 좋게 머리를 하러 간 날이었습니다. 파마 롯드를 말고 열기구를 쬐면서 손에는 잡지를 한 권 집어 들었습니다. 1년 중 봄철에 나는 음식들이 가장 향긋하고 맛이 나듯이 봄을 맞이한 잡지 역시 형형색색 꽃단장을 하고 독자들의 눈길을 기다리고 있는 듯했어요. 다가오는 봄을 느낄 수 있는 고운 빛깔의 컬러들과 새로운 계절을 주제로 한 몇 가지 칼럼들을 볼 수 있었습니다. 그중 한 칼럼에서 조병화 시인의 〈해마다 봄이 되면〉 작품의 일부를 인용하고 있었습니다.

해마다 봄이 되면 떠오르는, 봄처럼 부지런하라는 구절을 읽고 나의 멘티들이 생각났습니다. 사회초년생에게 딱 어울리는 글이라는 생각도 들어 전해주고 싶었습니다. 휴대폰을 꺼내 작품의 전문이 궁금해 찾아

보았는데, 전문은 더 아름다웠습니다. 곧장 인터넷 창과 멘티들과의 대화방을 동시에 열었어요. 그리고 인터넷에서 찾은 작품 전문을 대화창에 한 자 한 자 옮겨 적기 시작했습니다. 손쉽게 링크를 공유할 수도 있었지만 하나하나 옮겨 적고 싶었습니다. 의미를 담는다면 담는다고 해야 할까요. 어차피 파마하는 중이라 몸을 움직이지 못하고 손만 자유로운 것도 한몫했지만 그보다 옮겨 적으면서 저 역시 새로운 봄의 기운을 느껴볼 수 있었습니다. 글을 공유하자 멘티들의 응답이 왔습니다. 휴가인 덕분에 저처럼 봄을 만끽하고 있는 친구들도 있었지만 아직 선상에서 생활 중인 멘티들도 있었는데요. 각자의 자리에서 같은 글을 공유하여 같은 감정을 가질 수 있다는 그 감사한 마음은 따뜻한 봄날씨만큼 포근하게 전해졌습니다.

한번은 회사에서 명언 공모전을 한 적이 있습니다. 현재의 어려움을 극복하고 힘찬 도약을 할 수 있는 명언들을 보내달라는 주제였는데, 직원 한 사람당 5개의 명언을 응모할 수 있었습니다. 마침 한여름이었는데 응모만 해도 팥빙수 쿠폰을 준다고 하니, 전에 없던 나의 인생 명언 다섯 가지가 금방 생겨나더라구요. 담당 부서에 응모하고 난 뒤, 인생명언 다섯 가지에 대해 멘티들과도 공유하고 싶어졌습니다. 간략히 정황을 설명하고 명언 다섯 가지를 보냈습니다.

〈나의 인생 명언 5가지〉

담담한 마음을 가집시다. 담담한 마음은 당신을 굳세고 바르고 총명하게 만들 것입니다.

- 정주영

인생을 살아가는 데는 오직 두 가지 방법밖에 없다. 하나는 아무것도 기적이 아닌 것처럼, 다른 하나는 모든 것이 기적인 것처럼 살아가는 것이다.

- 아인슈타인

우리가 살아가야 할 이유를 알게 되고 자신이 무의미하고 소모적인 존재가 아니라 무언가 도움이 될 수 있는 존재임을 깨닫게 되는 때는, 다른 사람과 더불어 살면서 사랑을 느낀 때인 것 같다.

- 반고흐

살아야 할 이유를 아는 사람은 거의 어떠한 상태에서도 견딜 수 있다.

- 니체

지나간 슬픔에 새로운 눈물을 흘리지 말지어다.

- 에우리피데스

어떤 친구는 두 번째 명언이 가장 의미 있게 다가왔다고 했고, 어떤 친구는 세 번째가 와 닿는다고 하더라고요. 아마 각자가 처해 있는 상황이나 여건에 따라서 인상 깊은 구절이 조금씩 다른 것 같아요. 사실 특별한 반응을 기대했던 것은 아니었습니다. 대부분 승선 근무를 하는 환경적 요인도 있다 보니 내용들을 읽어보고 마음에 새기더라도 바쁜 나머지 그냥 지나칠 거라 생각했죠. 하지만 좋은 내용 전해주어 감사하다는 피드백을 받고 자기 의견을 얘기하는 등의 반응 보면서 기쁜 마음이 들었습니다. 인스타그램이나 페이스북의 좋아요나 댓글을 보면서 좋아하는 얄팍한 기쁨과는 차원이 달랐습니다. 의미 있는 무언가를 건네주고, 건네받는 듯한 느낌이 들었죠. 함께 있는 어느 누구도 의무감에서 나온 행동이 아니었어요. 작은 시간을 내어 내가 알고 있는 것들, 내가 보고 느낀 것들을 전해준 것뿐인데 상대로 하여금 공감을 불러일으키고 긍정적인 행동 변화를 주고 있는 것 같았죠. 강조하고 싶은 부분은 내가 새롭게 만들어내거나 창조한 게 아니라는 것입니다. 그저 있는 내용을 보고, 듣고, 알고 있는 내용들을 전하기만 해도 누군가에게 도움이 된다는 것을 느꼈습니다. 저는 모르고 있었는데, 저는 생각보다 괜찮은 사람이었습니다. 물론 여러분도 마찬가지일 거라 생각합니다.

해마다 봄이 되면
항상 봄처럼 부지런해라.

04 사람을 대하는 기본 자세

후배 세대들을 보면 괜스레 미안한 마음에 뭐라도 해주고 싶은 생각이 듭니다. 하지만 정작 후배들을 봐도 딱히 해줄 수 있는 게 없어요. 그럴 때마다 가벼운 무력감을 느끼곤 합니다. (심각한 것은 아니고 가벼운 무력감입니다.) 졸업 후 상선사관이 되는 모교의 특성상 군대식 교육이 이루어집니다. 선상에서는 철저하게 상명하복의 지휘 체계가 유지되기 때문에 학창 시절부터 훈련은 몸에 배어 있었습니다. 이러한 문화에 익숙해지면 한 가지 안 좋은 습관이 들 수 있는데, 아랫사람들을 업신여기는 태도에 나도 모르게 물들게 된다는 점입니다. 가뜩이나 '찬물도 위아래가 있는' 나라에서는 위아래를 더욱 따지고 드니 자칫 심각한 상황을 초래할 수 있지요. 상명하복의 시스템은 어디까지나 조직의 목적 달성을 위한 합리적 수단에 지나지 않습니다. 조직원으로서 소속된 조직의 체계를 따르는 것은 당연하지만, 어느 누구도 부여된 지위를 남용해서는 안 되며 권한은 조직의 범위 내에 한정되어야 합니다.

2014년 12월엔 땅콩회항 사건으로 온 나라가 떠들썩했습니다. 존 F. 케네디 국제공항을 출발하여 인천국제공항으로 향하던 대한항공 여객기 내에서 봉지째 나온 마카다미아가 화근이었죠. 당시 부사장이었던 분의 난동으로 항공기를 램프 유턴시킨 뒤 사무장을 강제로 내리게 했습니다. 이로 인해 같은 비행기에 탑승했던 승객들은 출발이 40분 가량 지연되는 불편을 겪었습니다. 후에 알게 된 사실이지만 대한항공은 마카다미아가 나무 견과 알레르기를 일으킬 위험이 있기 때문에 봉지째로 전달한 뒤 고객의 취향에 따라 뜯어서 먹을 수 있도록 규정하고 있다고 합니다. 서비스 규정을 잘 알지 못했던 조현아 전 부사장은 마카다미아 서비스를 빌미로 객실 승무원들을 심하게 질책하고, 사무장에게는 무릎을 꿇고 용서를 애걸하도록 강요했습니다. 지위를 남용해도 한참 남용한 사례입니다.

우리는 관계 설정에 따라 상대를 하대하는 모습을 자주 보게 됩니다. 특히나 동방예의지국이라 불리는 나라에서 상명하복의 문화에 젖어 있는 사람들은 아랫사람을 함부로 대하기 쉬운 위험에 노출되어 있다고 해도 과언이 아닙니다. 분명히 아랫사람을 함부로 대하는 행동은 위험합니다. 그래서 저는 아랫사람을 대할 때 지켜야 할 원칙을 나름 몇 가지 정해두고 있습니다. 예의는 아랫사람이 윗사람을 대할 때뿐만 아니라 윗사람이 아랫사람을 대할 때에도 무척 필요한 것이기 때문입니다.

우선 처음 대면하는 사람과는 아무리 나이 차이가 많이 날 것 같아 보여도 절대 말을 놓지 않습니다. 소위 기수문화에 적응된 사람들은 "넌 몇 기야? 난 ○○기야"라는 식의 말을 쉽게 내놓고 기수에 대단히 민감하게 반응하곤 하죠. 어쩌다 먼저 태어나 일찍 들어간 게 뭐 대수라고 호들갑인지 모르겠습니다. 나이 많은 게 대단한 벼슬인 양 착각하는 어른들이 간혹 있습니다. 특히 초면에 어려 보일 것 같으면 말을 놓는 참 유연한 사고를 가지셨죠. 이런 분들(이런 놈들로 바꿔 말하고 싶은 심정입니다)을 보면 그야말로 밥맛이에요. 상대가 누구든, 나이가 많든 적든, 상대는 인격체로서 존중받아야 마땅합니다. 상대가 누구든지 간에 내가 존중받아야 하는 것처럼 말이죠. 일단은 말을 높여야 합니다. 그렇게 좀 친해지면, 말은 그때부터 천천히 놓아도 됩니다. 특히나 제가 보기엔 요즘처럼 변화가 빠른 시대에는 젊은 세대로부터 배울 게 아주 많습니다. 젊은 세대로부터 이것저것 배우기 위해서라도 존중해주는 척(?) 존칭을 사용하며 끈기 있게 접근하도록 합시다. 이는 나의 생존에도 유리한 측면이 있습니다. 젊은 세대들로부터 내가 살아남을 수 있도록 새로운 기술, 정보들을 습득할 수 있기 때문입니다. 상대가 "이제 말씀 편하게 하시죠"하면서 먼저 제안해주면 좋고, 존칭을 사용하는 것이 너무 불편하면 "이제 슬슬 얘기 편하게 해볼까?"라면서 상대의 동의를 구할 수도 있습니다. 아랫사람을 함부로 대했던 어린 장비보다 나이 든 유비가 더 오래 살아남았습니다. 장비는 수하에 거느리던 부하의 칼끝에 명이 다하였음을 잊지 말아요.

다음으로 가볍게 인사를 먼저 건네봅시다. 직장생활을 하다 보면 한정된 공간에서 특정의 몇몇 사람들을 만나기 마련입니다. 특히나 요즘처럼 외부 보안이 철저히 통제된 상황이라면 만나던 사람들만 계속 만나게 되죠. 매일 만나는 사람들 중엔 나보다 나이가 많거나 적거나 비슷하거나 세 가지의 경우로 나눌 수 있습니다. 많거나 비슷한 경우는 고민할 필요가 없죠. 내가 먼저 공손하게 인사드리거나 반갑게 아는 척하면 됩니다. 그런데 후배들을 마주할 때는 살짝 애매해집니다. 상대가 먼저 인사를 건네오면 받아주면서 눈인사로 답례하는 게 가장 좋은데, 마주치는 각도라든지 아까 인사를 했던가 안 했던가 머리만 굴리다가 그냥 지나치는 경우가 있습니다. 고민 끝에 저는 이제 그런 머리 굴리지 않고 윗사람이건 아랫사람이건 무조건 먼저 인사를 하기로 마음먹었습니다. 그랬더니 한결 나아졌습니다. 쓸데없는 일에 머리를 굴리지 않아 나의 에너지를 아낄 수 있게 된 거죠. 후배들 중에는 밝은 표정으로 먼저 인사를 건네오는 경우도 있지만, 성격에 따라 쭈뼛쭈뼛하는 친구들도 있습니다. 이런 후배들에게도 먼저 인사를 건네면 밝게 화답해

옵니다. 그 모습을 보면 먼저 인사 건네길 잘했다는 생각이 들곤 합니다.

끝으로 무슨 일이 있더라도 상대의 말을 자르지 않습니다. 사람은 누구나 자신의 말을 하려고 드는 경향이 있기 때문에 상대방이 말을 하는 도중이라도 대뜸 자기 말을 해버릴 때가 있어요. 사실 대단히 예의 바르지 못한 행동이에요. 그나마 윗사람의 말은 끝까지 듣는데 상대가 아랫사람일 경우 대화 도중 말을 끊고 자기 의견을 관철하려 들죠. 조현아 전 부사장도 담당 사무장의 이야기를 끝까지 들어보고 매뉴얼을 살펴보았다면 자그마한 땅콩 가지고 큼지막한 비행기를 쥐고 흔들며 사람들의 소중한 시간을 아깝게 허비하지 않아도 될 일이었습니다. 상대의 이야기를 끝까지 듣는 자세는 지위고하, 남녀노소를 불문하고 지켜야 할 불문율(不文律)에 가깝습니다. 그런데 사람들은 상대방이 자신보다 어리거나 아랫사람이라는 판단이 서면 상황을 불문하고 상대의 말을 끝까지 듣지 않아요. 반드시 상대의 말을 끝까지 듣도록 합시다. 특히 나보다 어리거나 아랫사람일수록 주의를 기울여 끝까지 듣도록 해요. 그래야 봉지째로 나온 땅콩에 흥분하지 않을 수 있으며 비행기가 제시간에 날아갈 수 있습니다.

경어 사용하기.
인사 먼저 하기.
말 자르지 않기.

무심코 짚는
짝다리의 위협

환갑을 넘기신 어머니께서 요즘 부쩍 "자세를 바로 해라, 자세를 바로 해야 몸도 바로 되는 게야" 말씀을 자주 하십니다. 그간 살아오신 세월을 통해 바른 자세의 중요성을 몸소 깨닫고 아들에게 전수해주시는 듯합니다. 그러던 중 흥미로운 칼럼을 접하게 되었습니다. 어떤 한의사 선생님께서 기고한 글인데, 바른 자세의 중요성을 한의학적 관점에서 설득력 있게 주장하고 있었습니다.

한의학의 기본 개념 중 하나가 마음과 기의 흐름, 그리고 신체변화의 상호 피드백이다. 대부분의 병은 우리가 몸과 마음을 자연스럽게 쓰지 못해 발생한다. 이 부자연스러움이 몸과 마음, 그리고 기의 흐름에 불균형을 가져오고 이로 인해 병이 든다. 이 불균형 중 가장 쉽게 파악할 수 있는 것이 바로 자세이다. 자세는 단순히 몸을 쓰는 습관의 반영일 뿐만 아니라, 내가 생각하는 것과 내가 느끼는 감정이 합해져서 만들어진 것이다. 그래서 누구든지 다른 이의 자세를 살피면 그 사람이 평소 어떤 자세를 취하는지 뿐만 아니라 어떤 성향인지도 알 수 있게 된다.

– 김형찬 한의사, 「김형찬의 동네 한의학」
프레시안, 2015

우리가 일상에서 매우 중요하지만 소홀히 대하는 것 중 하나가 '자세'일 것입니다. 무심코 엉덩이를 쭉 빼고 의자에 기대 앉는다거나, 짝다리를 짚고 서 있는다거나, 식사 때 팔이나 턱을 괴고 먹는 등 차곡차곡 쌓인 나쁜 자세는 언젠가 독이 되어 돌아옵니다. 자세는 나의 생각과 감정이 합해져 만들어진 것이고 자세를 살펴보면 그 사람이 어떤 성향을 가지고 있는지도 파악 가능하다고 하니 신경 써서 바른 자세를 취하도록 해야겠습니다.

여러분, 서 있을 때 무심코 짝다리를 짚고 서진 않나요? 의자에 앉을 때 무심코 엉덩이를 쭉 내밀고 앉아 있진 않습니까? 올바른 자세는 생각보다 무척 중요합니다. 다소 과한 표현일지 모르겠지만, 우리 몸은 소모품입니다. 쓰는 만큼 닳고 그러다 언젠가 완전히 사라지는 순간이 오게 되어 있습니다. 인정하든 인정하지 않든 엄연한 사실입니다. 하지만 이 사실이 중요한 게 아니라, 중요한 건 우리 반응이겠지요. 각자의 몸을 아끼고 잘 보살펴야겠습니다.

여러분 나이 대에는 잘 못 느끼겠지만 젊을 때부터 몸을 잘 관리해야 오래도록 쓸 수 있어요. 우리는 평생 우리의 몸을 벗어날 수 없습니다. 그러니 평생 함께 가야 할 나의 몸을 무엇보다 소중히 여기고 사랑할 줄 알아야겠습니다. 과도한 음주나 흡연도 평생 함께 가야 할 친구를 괴롭히는 행위입니다. 마찬가지로 짝다리를 짚고 서거나 구부정한 자세로 앉아 있는 등 좋지 않은 습관도 일찌감치 알아차리고 바로잡으면 좋겠어요. 자주 듣는 얘기겠지만 건강한 신체에 건강한 정신이 깃듭니다.

나쁜 자세의 해악에 대해 알아보았으니 좋은 자세에 대해서도 알아봐야 되겠지요? 좋은 자세를 위해선 우선 기본적으로 몸을 자주 움직여주는 게 좋다고 합니다. 직장인들이 사무실에서 하루에 3번, 5분 이상만 맨손체조를 하면 의사들이 밥을 굶는다고 하네요. 두어 시간 즈음 고정된 자세로 일하고 난 뒤에는 5분 정도 스트레칭을 통해 목, 어깨, 허리 등 근육에 쌓인 긴장을 풀어줘야 합니다. 또한 앉아 있을 때는 '직각'을 기억하면 된다고 해요. 의자에 앉을 때 허리를 등받이에 밀착시켜 앉고 몸통과 무릎의 구부린 각도를 '직각', 키보드와 마우스에 얹은 팔의 각도도 '직각'으로 하는 것이 좋습니다.

자세(姿勢)

1. 몸을 움직이거나 가누는 모양
2. 사물을 대할 때 가지는 마음가짐

자세의 사전적 정의도 새롭게 다가왔습니다. 몸이 취하고 있는 형태 정도의 첫 번째 뜻만 있을 줄 알았는데, '사물을 대할 때의 마음가짐'이라는 정신적 의미도 포함하고 있었어요. 몸과 마음은 분리해서 생각할 수 없음을 다시 한 번 깨달았습니다. 건강한 육체에 건강한 정신이 깃들듯 바른 자세에 건강한 육체와 정신을 담아내야겠습니다. 바른 자세는 예순 넘게 살아오신 저희 어머니께서도 강조하고 있고, 의학적으로도 권하는 사항이니 실천에 옮겨볼 만하겠습니다.

자세를 살피면 어떤 성향의 사람인지 알 수 있다.

06 YOLO, 하고 싶은 일을 해야 한다는 압박

만연된 상업주의 덕분인지 우리는 그동안 무엇을 하고 싶은지만 고민하며 살았습니다. 그러나 가만히 눈감고 차분하게 생각해보면, 해야 할 일만 하기에도 벅찬 삶인 듯해요. 식구들 먹여살릴 재원을 마련해야 하고, 키워주신 부모님 은혜에 보답해야 하고, 사랑의 결실로 얻은 아이들을 잘 키워내야 하고, 믿음과 우정에 배반 따윈 없어야 할 것이며 혹시라도 나에게 주어진 재능이 있다면 이를 갈고닦아 세상에 기여해야 할 것입니다. "하고 싶은 일을 하자"라고 외치는 일은 쉽지만 이는 분명 '해야 할 일'을 완수한 다음이어야 합니다.

하고 싶은 일 하면서 살아라! 요즘 같아선 살짝 압박감까지 느껴지는 구호입니다. 하고 싶은 일을 안 하고 살면 큰일 날 것처럼 말이지요. 하지만 하고 싶은 일을 안 하거나 못 한다고 해서 큰일 나진 않습니다.

세상은 우리를 한시도 놓아주지 않고 멋진 여행지와 맛있는 먹방 장면을 보여줍니다. 저곳에 가면 나도 천국에 가 있는 기분이 들 것 같고, 맛집 프로그램에 나오는 음식을 먹으면 행복해질 것만 같습니다.

YOLO(You Only Live Once). 현재의 행복을 가장 중시하고 소비하는 태도를 일컫는 말입니다. 자신의 행복을 채워줄 무언가를 찾아 나서고 그로 인해 행복감을 느낄 수 있다면 좋은 일이죠. 다른 사람에게 피해를 주지 않는 범위 내에서 즐기는 행복감은 누구도 뭐라 할 수 없습니다. 설령 뭐라 한다고 해도 신경 쓸 필요가 없습니다. 내 삶이고 한 번뿐인 인생이니까요. 하지만 주의해야 할 점은 있습니다. '인간은 타자의 욕망을 욕망한다'는 말이 있듯이 여러분에게 행복감을 가져다줄 것이라 여기는 행동이 여러분 안에서 나온 것인지 살펴봐야 해요. 우리는 광고의 홍수 속에 살고 있습니다. 끊임없이 노출되는 광고 속에선 이 상품을 구매하면 행복해질 것이라 부추깁니다. 또한 내 인생하고는 별 상관도 없는 연예인 가십과 자극적인 기사에 무방비로 노출되어 있습니다. 무가치(無價値)한 무가지(無價紙)들이 난무(亂舞)하는 세상입니다. 우리는 그러한 광고나 가십거리를 보지 않을 수 없습니다. 이토록 열악한 상황이니, 진정한 YOLO를 위해선 내가 진정으로 원하는 것이 무엇인지 지혜로운 판단을 해야 합니다. 정보를 취사선택할 필요가 있지요. 혹시 무방비 상태로 타자의 욕망(기업이 덫으로 깔아놓은)을 욕망하는 건 아닌지 살펴보세요.

"인생은 한 번뿐이다"라는 구호에는 동의합니다. 사실 동의하고 말 것도 없지요. 그냥 그대로 사실이니까요. 그런데 "인생은 한 번뿐이니까 지금 당장 즐기자"라는 의미로만 받아들여선 안 된다고 생각해요. 미래를 위해 현재를 지나치게 혹사하는 것도 바람직하지 않지만, 미래도 한 번뿐인 내 인생의 일부입니다. 한 번뿐인 인생이라 소중하죠. 또한 삶은 생각보다 길기도 합니다. 나의 전체 인생이 아름다워지기 위해선 삶을 전반적으로 잘 가꿔나가야 합니다.

"하고 싶은 일을 하면서 살자." 누구나 쉽게 얘기할 수 있습니다. 그러나 한 템포 호흡을 가다듬고 해야 할 일을 마쳤는지, 하고 싶은 일이 진정 내 안에서 나온 것인지 생각해봐야겠습니다. 내가 하고 싶다고 생각한 일들이 실은 광고 매체의 영향력이 투영된 건 아닌지 살펴봅시다. 외부 자극에 의해 덥석 '구매하기'를 누르지 말고, 남들이 본 영화를 따라 보지 말고, 한 번뿐이어서 소중한 나의 인생이니만큼 시간을 잘 선택하여 배치하고 사용해야겠습니다. 인생은 시간 그 자체니까요.

인생 한 번뿐인 거 맞는데, 그 한 번 생각보다 길더라.

07

고통이라는 이름의
안전장치

'잠김증후군(locked in syndrome)'이란 게 있습니다. 이 증후군을 앓는 환자는 뇌간 부위의 손상으로 전신이 마비되고 오로지 눈의 움직임으로만 의사를 표현할 수 있다고 합니다. 하루 종일 침상에 누워 있어야만 하고 정상적인 거동이 불가능한 상황이지요. 이런 상황에 놓이게 되면 극심한 우울, 불안에 시달릴 것 같은데 사실은 그렇지 않다고 합니다. 보다 정확히 말하면 우울감, 불안감 자체를 잘 느끼지 못한다고 해요. 자율신경계를 통한 신체 변화를 인지하지 못하기 때문이랍니다.

저도 우울, 불안의 감정에 빠지는 경우가 있습니다. 누구나 비슷한 경험이 있을 것 같지만, 누구든 이런 상태는 회피하고 싶거나 벗어나려 할 것입니다. 그런데 잠김증후군 환자들의 경우 우울, 불안에 시달리는 상태가 오히려 건강한 상태임을 증명하기도 합니다. 왜냐하면 '잠김증후군 환자는 우울, 불안을 느끼지 못한다'는 명제가 참이라면 대우명제인 '우울, 불안을 느끼는 사람은 잠김증후군 환자가 아니다'라는 명제역시 참이 되기 때문입니다. 다시 말해 우울, 불안을 느끼고 있다면 잠김증후군 환자가 아닌 것이죠. 잠김증후군 환자가 아니라는 얘기는 뇌간이 건강하다는 뜻이기도 하고요.

여태까지 우울, 불안을 느낄 때면 힘들기만 했는데 건강한 측면도 있었다니 놀랍지 않나요? 유명인들 중에도 우울증에 시달리다 극단적인 선택을 하는 경우가 있는데, 이런 내용을 알았다면 혹시 조금이나마 위안이 되지 않았을지 마음을 조금은 추스릴 수 있지 않았을까 생각해봅니다. 어떠한 감정이든(기쁨이든 슬픔이든지 간에) 우리가 그런 감정을 느끼는 데는 이유가 있습니다. 보다 중요한 것은 그런 감정들에 매몰되지 않고 잘 다루는 데 있지요. 수시로 밀려드는 감정의 파도를 잘 관찰할 필요가 있습니다. 그래야만 감정을 잘 다룰 수 있기 때문입니다. 노련한 서퍼(surfer)들은 파도의 결을 잘 이해하고 그 위에 올라타잖아요? 끊임없이 약동하는 감정의 파도에 올라타서 파도를 잘 다루고 나아가 즐길 수 있는 서퍼가 되길 바랍니다.

고통이란 피하고 싶고 피해야 할 대상이기도 하지만 고통을 느끼지 못하는 특이한 체질의 사람들은 위험에 처했을 때 오히려 자신을 잘 보호하지 못한다고 합니다. 고통이란 우리를 보호하는 역할을 수행하는 소중한 감정이기도 한 것이죠. 고통이 밀려올 때, 무작정 도망치기만 할 것이 아니라 고통에 반응하는 신체적 변화를 느껴보세요. 지금 고통스럽고, 고통을 느끼고 있다면 여러분이 건강하다는 것입니다. 만약 고통을 느끼지 못했다면 더 큰 피해를 입는 위험천만한 상황이었을 수 있습니다. 고통이 외부의 위험을 감지해서 여러분에게 적절한 예방조치를 할 수 있도록 도와준 것입니다.

살다 보면 좋은 날이 있고 안 좋은 날이 있습니다. 행복은 좋은 것이고 불행은 나쁜 것이라 여기기 쉽습니다. 행복은 당연하게 여기지만, 불행을 마주하면 '왜 하필 나에게 이런 일이 생기나'하며 원망하는 마음이 드는 것이지요. 그런데 때론 불행으로 인한 고통의 감정도 필요하다 생각해봅니다. 그러면 불행과도 그럭저럭 인사하며 지낼 수 있어요. 오랜만에 왔다며 이번엔 어쩐 일로 왔냐고 말을 건넬 수 있습니다. 대단히 반가운 손님은 아닐지라도 마음 한편에 자리를 내어주고 너그럽게 대할 만한 상대입니다. 불행과 그에 따른 고통을 느낄 수 있다는 건 내가 그만큼 신체적으로 건강하다는 뜻이니까요.

좋은 날이 있고 안 좋은 날이 있다는 말을 자주 하고 당연하게 받아들이지만, 혹시 좋은 날과 안 좋은 날에 대한 여러분들의 반응은 어떤 가요? 혹시 안 좋은 날에 더욱 민감하게 반응하진 않나요? 한창 연애 중인 후배가 있었습니다. 그 친구가 하는 말이, 주말만 되면 비가 온다는 거예요. 과연 그럴까요? 올해 서른 살이 된 후배는 대한민국 교육 제도 하에서 열아홉 살 때까지는 즐거운 주말을 보내지 못했을 거라고 봐요. 대학에 들어온 스무 살부터 서른인 지금까진 그래도 본격적으로 즐거운 주말을 보냈을 거라 보고, 520회 가량의 주말(대략 52주*10년)을 보냈을 겁니다. 그중 날씨 좋은 주말은 노는 데 집중하느라 날씨가 좋은지 안 좋은지 신경 쓰지 않고 보냈겠죠. 반면 날씨 안 좋은 주말은 놀아야 되는데 놀지 못하는 상황이니 인상에 깊게 남은 것입니다. 그 친구 말대로 주말마다 비가 왔다면 우리가 평소 기상청의 일기예보를 확인할 일도 없지 않을까요? 기억하고 싶은 것만 기억해서 그런 겁니다. 기상청에 문의해서 지난 520회의 주말에 대해 날씨 조사를 한다면 아마도 화창한 날이 살짝 우세하게 나오지 않을까 싶어요.

30년 동안 어업에 종사하셨다는 분의 인터뷰를 본 적이 있습니다. 그분 말씀 중 인상적인 말이 "낚시를 하다 보면 잘 잡히는 날이 있고, 안 잡히는 날도 있다. 좋은 날이 있고, 안 좋은 날이 있다" 이런 얘기였어요. 담담하게 현실을 담아내는 듯한 어투였죠. 그분의 말씀대로 좋은 날이 있는가 하면 안 좋은 날이 있는 것은 피할 수 없는 사실이지요. 이걸 인정하고 받아들인다면 지금 겪고 있는 고통이나 불행 따위도 숱하게 많은 날 가운데 하루에 불과합니다. 안 좋은 날이 있지만 좋은 날도 분명 있습니다. 나에게 허락된 행복은 물론 나에게 주어진 불행까지도 한껏 끌어안고 가야겠습니다. 행운은 반기고 불운은 반기지 않는다면, 운(運)에 대한 예의가 아니지 않겠습니까?

결국 행복도 불행도 모두 나의 것이라 생각해보세요. 둘 다 여러분이 주인인 것입니다. 필요 없는 물건은 쓰레기통에 버리듯이, 불행으로 인한 감정의 찌꺼기들은 내다 버리세요. 고통이라는 생선 요리가 도착했을 때, 살은 잘 발라내어 성장의 발판으로 삼고 가시는 내다 버리는 거죠. 원치 않는 감정들에 휘둘리지 말고 여러분이 주체 의식을 갖고 컨트롤해보시기 바랍니다. 여러분이 주인이니 뭐라고 할 사람 없습니다. 복된 날은 온전히 누리고 어려움은 슬기롭게 헤쳐 나갈 수 있는 지혜로운 우리가 됩시다.

좋은 날이 있고,
안 좋은 날이 있다.

08 행복 적분학:
자기만족이 진짜 승리

　행복한 사람은 과연 어떤 사람일까? 누구나 한번쯤 고민해봤을 문제입니다. 그리고 저마다의 기준도 있을 것 같아요. 저는 나름의 고민 끝에 '행복한 순간의 경험을 차곡차곡 많이 쌓은 사람'으로 정의하였습니다. 고등학생 때 배운 적분의 개념을 도입하여 행복의 경험들이 겹겹이 쌓이는 상상력을 발휘할 수 있습니다. 태어나서 생을 마감하는 시점까지 인테그랄($\int$)해서 그 크기를 최대화할수록 행복해지는 것이죠.

　제 기억 속 가장 행복한 순간 가운데 하나는 친구와 함께 경북 영주에 위치한 소백산으로 떠났던 여행 중에 있습니다. 산행을 마치고 풍기온천에 몸을 담그던 그때, 정말 행복한 순간이 아닐 수 없었습니다. 비할 바는 아니지만 아르키메데스가 부피의 개념을 발견하고 "유레카"를 외쳤던 것처럼 저도 깨달음의 순간이 오더라고요. '아! 이런 게 행복이구나. 이런 순간들을 하나둘씩 경험하고 쌓아나가다 보면, 난 행복한 사람이 되어 있겠구나' 싶었습니다.

골프 황제 타이거 우즈가 한때 스캔들에 휘말리며 골프클럽을 잠시 내려놓았던 적이 있습니다. 그사이 그가 얼마나 큰 고통에 시달렸을지 저 같은 범부는 짐작조차 하기 어렵습니다. 그는 전성기 시절 인간이 아닌 신의 경지에 이른 기량을 보여주었습니다. 하지만 그 역시 인간이었고, 1등의 자리를 지켜야 한다는 중압감에 시달렸다고 하더군요. 그러한 중압감은 다소 엉뚱한 곳에서 분출되기도 했습니다. 저보다 수백 배 더 유명하고, 수천 배 더 많은 돈을 가졌던 그가 저보다 더 행복한 사람인지는, 글쎄요…. 잘 모르겠습니다. 우즈보다 유명해질 수도, 더 많이 가질 수도 없지만 그보다 더 행복해질 수는 있는 거였습니다. 생각했던 것보다 부와 명예가 행복과 절대적인 비례관계에 있어 보이진 않더라고요. 우즈보다 가진 것이 많지 않아도 가족들과 오손도손 뒷동산에 올라 가져온 도시락을 나눠 먹으며 행복을 만끽할 수 있습니다.

스티브 잡스의 말에 따르면 굶지 않을 정도의 부만 있으면 그때부턴 돈 버는 일을 떠나서 다른 일에 관심을 가져야 된다고 하더군요. 저는 이 말에 동의합니다. 무소유를 외치며 지나치게 단출한 삶을 사는 것엔 자신이 없어요. 어느 정도 수준의 먹고사니즘이 해결되어야 한다고 봄니다. 하지만 먹고사는 문제가 충족되고 나면 그 이상은 다른 차원의 문제인 것 같아요. 돈이 많다고 하루 네 끼, 다섯 끼 먹을 수도 없는 노릇이구요. 법정스님과 같은 무소유의 삶을 살 수도 없겠지만 인간의 목표는 풍부하게 소유하는 것이 아니라, 풍성하게 존재하는 것이어야 한다는 말씀은 저에게도 깊은 울림을 전해줍니다.

후학이 한 명도 없는 '행복적분학'은 제 나름대로 구축해본 학문 체계인데요. 말씀드린 대로 행복적분학은 인테그랄($\int$) 생(生)부터 사(死)까지 행복한 순간들을 쌓아나간 면적의 크기입니다. 태어남과 죽음 사이의 시간을 행복한 순간들로 차곡차곡 쌓아나가면 행복한 사람이 된다고 생각합니다. 남부러울 것 없는 재벌 총수라도 중대한 경영 판단 앞에선 상당한 고민을 할 겁니다. 아무래도 좋은 표정, 밝은 얼굴을 하기 어렵겠죠. 재벌 총수가 고민에 휩싸여 있는 순간과 제가 풍기 온천에서 몸을 담그고 있는 순간을 놓고 비교한다면 저는 재벌 총수보다 더 행복한 사람 같아요. 그런 시간들을 조금씩 늘려가는 것이 저에겐 중요한 과제라고 여겨집니다. 재벌 3세보다 부귀영화는 누릴 수 없지만 그들보다 더 행복하게 살 수는 있습니다. 먼 미래에서 저를 향해 다가오는 시간들에게 '행복'이라는 도장을 쾅쾅 찍어주는 겁니다. 삶이 인생이라는 이름의 책이라면 우리의 하루하루는 한 장 한 장의 종이와 같습니다. 왼편에서 A4 용지가 쉴 새 없이 흘러나오고 우린 그것들을 받아

오른쪽에 가지런히 쌓아놓습니다. 언젠가 책으로 엮어질 그 종이에 '행복' 도장이 찍힌 분량만큼이 내가 행복한 정도라고 생각합니다.

저의 '행복적분학'은 경북 영주 풍기 온천에서 영감을 얻었고, 랄프 왈도 애머슨의 시로 완성되었습니다. 저는 제 인생 최악의 저점에서 랄프 왈도 애머슨의 시를 만났습니다. 그러지 않았으면 하는 바람이지만 여러분도 인생 저점의 순간을 만나게 될지도 모릅니다. 삶은 상승과 하강의 곡선을 그리면서 흐름을 타기 마련이니까요. 혹시 저와 같이 어려움을 겪는 분이 있다면 랄프 왈도 애머슨의 『무엇이 성공인가』를 한번 읽어보고, 언제 마주칠지 모를 어려운 상황에서 힘이 되었으면 좋겠습니다.

자주, 그리고 많이 웃는 것.
이것이 진정한 성공이다.

09

감사하라는 말이
식상하다고?

범사에 감사하라. 이런 말을 자주 듣곤 하잖아요. 가끔은 식상하게 들릴 정도지요. 저는 솔직히 이런 얘기에 별 감흥이 없었습니다. 뭐 좋은 일이 생겨야 감사를 하지, 특별한 일도 없는데 감사를 왜 하느냐 생각했어요. 그런데 어느 날 회사에서 나눠준 〈해상의료 가이드북〉을 보고 마음을 고쳐먹었습니다.

〈해상의료 가이드북〉은 해상에서 발생할 수 있는 질병·부상에 효과적으로 대처하기 위한 자료집입니다. 이번에 소방청에서 공익을 목적으로 무료 공개했죠. 회사 차원에서 선박에 도움이 될 것 같아 자료를 입수하여 나눠준 건데 여기서 뜻밖의 깨달음을 얻었습니다. 처음엔 책자를 보면서 '사람이 다치고 아픈 것도 참 여러 가지다' 생각했습니다. 각종 질병과 부상의 종류가 어찌나 그리 많은지 뇌 질환, 뼈 손상, 안구

손상, 충치, 피부 질환, 각종 중독 등 헤아릴 수 없을 만큼 많은 종류의 질병과 부상이 설명되어 있었습니다. 책에는 응급상황에 따른 대처 방안도 언급되어 있었지만, 너무나도 많은 질병·부상의 종류를 보고 일단 한번 놀라지 않을 수 없었습니다. 눈, 팔다리를 비롯한 감각기관에서부터 간, 쓸개, 십이지장 등 내장기관에 이르기까지 어디 한군데 아프지 않고 몸 성한 상태로 있는 것만으로도 대단히 감사한 일이라는 생각이 들었어요. 아프지 않고 온전히 있을 수 있는 것은 온갖 위험을 절묘하게 피한 덕분이라고 여겨졌습니다. 〈해상의료 가이드북〉만 펼쳐도 그토록 많은 질병과 부상이 있는데, 세상의 각종 리스크를 잘 피해서 건강하게 있다는 건 참으로 감사한 일이지요.

해마다 부산 동래 지역에서는 동래읍성축제가 열립니다. 1592년 임진왜란이 발발하고 동래읍성에서 치열한 전투가 벌어졌습니다. 전투를 시작하기 전 피해를 최소화하고 싶었던 적장 고니시 유키나가는 당시 동래부사였던 송상현에게 다음과 같은 메시지를 전합니다. "戰則戰矣 不戰則假道(전즉전의 부전즉가도: 싸우고 싶거든 싸우고 싸우지 않으려면 길을 빌려달라)." 이에 동래부사 송상현은 이렇게 답하며 전의를 불태웁니다. "戰死易 假道難(전사이 가도난: 싸워 죽기는 쉬우나 길을 내어주기는 어렵다)." 우리 조상님 참 멋있지요? 송상현과 동래읍민들은 전력의 차이에도 불구하고 결사항전의 자세로 싸웠지만 결국 패하고 많은 인명 피해를 입게 됩

152

니다. 이러한 동래읍성의 역사를 기리기 위해 해마다 축제가 열리고 있어요. 해마다 10월 즈음 열리니 여러분도 휴가 기간이 맞으면 한번 가보길 권합니다.

한번은 동래읍성 축제 때 전통놀이 코너에서 외줄 타기 공연을 볼 기회가 있었습니다. 외줄타기를 직접 눈으로 본 건 처음이었는데요, 눈앞에서 보니 참 신기했습니다. 외줄 타는 분들을 줄꾼이라고 부른다죠? 약 3미터 높이의 외줄에 성큼성큼 올라가시더니 다양한 볼거리를 제공하고 내려오셨습니다. 외줄에서 아슬아슬한 장면들을 연출함으로써 관객들은 긴장감을 놓을 수 없었습니다. 떨어질 듯 말 듯 한 장면을 보면서 절로 손에 땀을 쥐게 되었지요. 공연을 보면서 문득 우리가 사는 것도 외줄 타기와 크게 다르지 않겠다는 생각을 했습니다. 외줄 타듯 조심조심 걷지 않으면 잘못하다가 사고가 날 수 있습니다. 평온해 보이는 듯한 일상이지만 그 일상을 누릴 수 있는 것도 외줄 타기에서 발을 헛디디지 않고 조심조심 심혈을 기울인 결과라는 생각을 했습니다. 외줄 타기에서 균형을 잡기가 쉬운 일이 아닌 것처럼 우리의 평온한 일상도 그 균형을 잡기가 결코 쉽지만은 않습니다. 평온한 일상은 우리가 밸런스를 유지해서 균형을 잃지 않기 위해 의식적·무의식적으로 많은 노력을 기울이고, 행운이 바탕이 된 덕분에 누릴 수 있게 된 것이지요. 그만큼 우리를 위험에 빠뜨리거나 곤란한 상황에 처하게끔 하는 일들은 언제나 우리 주변에 도사리고 있습니다. 나의 건강이 악화되거나 가족 중 한 사람이라도 아프면 우리 삶은 균형을 잃고 말지요. 그만큼 우리가 안 좋은 상태에 놓이는 것은 손바닥 뒤집는 것만큼이나 쉬운 일입니다.

얼마 전 국내에서 〈SKY캐슬〉이라는 드라마가 큰 인기를 얻었습니다. 저희 집사람도 매회 빠지지 않고 챙겨봤는데요. 제목에서도 풍겨지는 뉘앙스지만 대한민국 상위 0.1%의 삶을 조명한 드라마라고 하더군요. 인기리에 방영된 드라마이고 상류사회를 들여다볼 수 있는 기회도 되니 개인 선호에 따라 재밌게 보는 것도 나쁘지 않을 것 같습니다. 하지만 그런 드라마를 보면서 '왜 난 저렇게 살 수 없나? 상위 인생이 아닌 내 삶은 너무 초라해'라는 생각은 하지 않았으면 합니다. 드라마가 허구라는 사실은 차치하고서라도 대한민국 상위 0.1%라고 하는 것은 결국 출생에서의 제비뽑기잖아요. 삼신할매 계시로 상위 0.1%로 태어나면 좋겠지만, 하위 0.1%로 태어날 수도 있는 것 아니겠습니까? 어차피 확률은 1000분의 1로 똑같은 것인데요. 높은 확률로 중간 어디쯤 위치하는 경우가 많겠지만, 낮은 확률로 상위 0.1%에 들지 못하더라도 하위 0.1%에 들지 않은 게 다행이기도 합니다.

신문에서 어떤 UN군이 숨이 끊긴 난민 아기를 안고 있는 장면을 본 적 있습니다. 자신의 의지와 상관없이 소중한 목숨을 다해야 했던 아기의 모습을 보면서 무척 애처로운 마음이 들었습니다. 0.1%의 확률은 그런 확률도 포함하고 있는 것이겠지요. 0.1%의 확률로 대한민국 상류층으로 태어날 수도 있지만 같은 확률로 예멘 난민이 될 수도 있습니다. 전쟁 통에 태어나서 온갖 고난을 겪었을지도 모를 일입니다. 어쨌든 우리가 머물고 있는 현재는 전시 상황이 아니고, 온갖 리스크에 노출되어 있음에도 우리의 몸과 마음이 어딘가에 휘말리지 않고 건강한 상태로 있는 것만으로도 감사한 일이 아닌가 싶어요.

뭐든지 습관이지만 감사하는 마음가짐도 습관인 것 같습니다. 자그마한 일에도 감사하는 습관을 들이면 좋은 일에는 더욱 감사할 수 있습니다. 남들은 대수롭지 않게 생각하는 걸 감사하는 마음으로 받아들이면 인생이 더욱 풍요로워질 것 같습니다. '범사에 감사하라'는 얘기가 흔한 말이긴 하지만 그만큼 논리적으로 타당해 보입니다. 범사에 감사하는 것이 행복의 지름길이기 때문이지요. 주변의 소소한 일에 감사하는 마음을 가져보시기 바랍니다. 그렇게 하나씩 감사한 일을 발견하는 기쁨도 누려보고요.

하루 중 최대의 고민거리는 점심 메뉴 선정이지요. 매번 뭘 먹을지 고민하게 됩니다. 입맛에 당기는 게 없을 때는 가만히 밥만 먹어보세요. 농담이 아니라 따뜻한 밥 한 숟갈 입에 밀어 넣고 밥알이 터지는 걸

음미하면서 꼭꼭 씹다 보면 은은한 맛이 느껴질 것입니다. 침에서 분비되는 소화효소로 인한 것이겠지만 일단 우리에게 중요한 것은 '단맛' 아니겠습니까? 실제 입맛이 없고 메뉴 고르기가 어려울 때는 맨밥만 한번 드셔보세요. 그리고 맨밥에 대해 감사한 마음을 가져보세요. 한 끼 식사를 할 수 있음에 감사하고, 내 입에 들어와주어 고맙다는 말을 전해보는 거죠. 단 천천히 꼭꼭 씹어서 음미하는 것이 포인트입니다. 일상에서 감사한 마음을 가지려는 연습을 게을리하지 마세요. 이것도 일종의 연습이고 행복으로 가는 트레이닝 과정입니다.

감사한 마음 가지기도 습관이고 연습이다.

10

죽음을 생각해보는 용기

『어떻게 살 것인가』, 『어떻게 죽을 것인가』라는 제목의 책은 이미 출간된 적도 있었고 누구나 한 번쯤 생각해볼 만한 주제라 그런지 많은 사람들이 읽기도 했습니다. 그런데 '언제 죽을 것인가'라는 물음은 제법 생소한 화두입니다.

괴테(1749~1832)는 스물다섯의 나이에 『젊은 베르테르의 슬픔』이라는 작품을 쓰고, "베르테르가 본인의 이야기라고 생각해본 적이 없다면 그는 가치 없는 인생을 산 것이다"라는 말을 남겼습니다. 그리고 그는 말년에 『젊은 베르테르의 슬픔』에 대한 언급을 자제했다고 전해집니다. 소설의 모티브가 본인의 자전적 스토리를 배경으로 하였다니 이해가 되는 일화입니다. 이 소설이 출간되고 당시 젊은 층의 유사 자살 행위가 유행처럼 번져서 요즈음에도 유명인의 자살 소식 이후 연쇄적인 자살 현상을 일컬어 '베르테르 효과'라고 합니다. 그런데 정작 괴테 본인은 『젊은 베르테르의 슬픔』을 저술하면서 자살 충동에서 가까스로 벗어났다고 하니 참으로 아이러니한 일입니다. 수많은 젊은이들을(의도하진 않았겠지만) 죽음으로 내몰고, 자신은 위기를 모면했으니 말입니다. 작품 출간 이후 자살을 자제해달라는 인터뷰를 했을 정도이니 당시 이 소설의 파급력이 굉장했던 모양입니다.

이런 괴테가 밉살스러워서라도 저는 최소 83살까지는 살아야겠다고 마음먹었습니다. 괴테 자신은 글쓰기를 통해 젊은 시절 위기를 비켜갔습니다. 또한 많은 젊은이를 죽게 했으면서도(본인 의도는 아니었겠지만) 당사자는 여든을 거뜬히 살아내었습니다. 당시에 여든 이상 산다는 건 굉장한 일이었을 것입니다. 그러니 적어도 83살까지는 살아야 좀 덜 억울(?)할 것 같아요. 괴테 사후에 『젊은 베르테르의 슬픔』을 읽어서인지는 몰라도 저는 소설을 읽고 '죽음'이 아닌 '삶'을 택했습니다. 소설이 출간될 당시의 시대적 배경이었다면 저도 어떤 선택을 했을지 모르겠습니다. 하지만 괴테의 삶이 역사가 되어버린 지금은 어떤 선택을 해야 할지 분명히 알고 있습니다.

21세기 명연설가로 손꼽히는 스티브 잡스는 스탠퍼드 대학 졸업 연설 가운데 죽음에 관한 메시지를 남겼습니다. 누구든 죽음이라는 운명을 가지고 있으며 시간은 한정되어 있다고요. 타인에 의한 편견에 사로 잡히지 말고 내면의 목소리를 가장 중요시 여기라며 조언했습니다. 이미 여러분의 마음과 직감은 여러분이 되고자 하는 바를 알고 있기 때문에 그 마음과 직감을 따를 용기만 가지면 된다는 것이죠. '죽음'이라는 소재가 대학 졸업을 앞둔 젊은이들에게 할 이야기로는 다소 어울리지 않을 수 있습니다. 하지만 스티브 잡스는 본인이 췌장암으로 죽음의 문턱까지 가보았고 '곧 죽는다'라는 생각에 확신을 갖고 있었기 때문에 전한 메시지로 보여집니다. 그는 인생의 결단을 내릴 때마다 '오늘이 내 인생의 마지막 날이라면 지금 하려고 하는 일을 할 것인가?' 자문하였다고 합니다. 모든 외부의 기대, 수치스러움과 실패의 두려움은 죽음 앞에서 모두 나가떨어지고 오직 진실로 중요한 것들만이 남기 때문에 이 질문은 가장 중요한 도구였다고 해요.

여러분도 중요한 선택의 순간 '오늘이 인생의 마지막 날이라면 지금 이 일을 할 것인가?'라는 질문을 해보세요. 이를 통해 해답을 얻으면 좋겠습니다. 그리고 다소 생경하지만 언제까지 살 것인가 하는 생각도 한번 해보기를 권합니다. 저는 '적어도 83살 이상'이라는 답이 있고요^^ (순전히 괴테 때문입니다.) 우리 몸은 75조 개의 세포로 구성되어 있으며 그 중 수백만 개 이상이 매일 새로운 세포로 교체된다고 합니다. 어쩌면 우리는 우리 몸의 일부와 매일 이별하고 있는 것일지도 모릅니다. 이별이나 죽음을 인식할 때, 역설적으로 사랑이나 삶에 대한 애착이 생겨나 곤 합니다.

애지욕기생(愛之欲基生). 공자님 말씀대로 사랑은 삶을 살게끔 합니 다. 사랑은 타인에 대한 사랑일수도 있겠지만 자기 자신에 대한 사랑이 기도 합니다. 자신에 대한 사랑이 삶에 대한 애착을 갖게 하고 살아가 게끔 하는 원동력이 됩니다. 죽음이 언젠가는 맞이해야 할 이벤트임을 자각하고 자기 자신과 주변 사람을 사랑하시기 바랍니다. 마지막 순간 에 대한 초조함이 아니라 마지막 순간이 있으니 살아 있는 지금에 더욱 애정을 가지셨으면 합니다. 사랑하고, 사랑받으면서 순연히 죽음을 맞 이하는 것도 퍽 괜찮은 일 같습니다.

죽음을 망각한 생활은 동물의 상태에 가깝고,
죽음이 시시각각 다가옴을 의식한 생활은 신의 상태에 가깝다.

— 톨스토이

11
≋

뜨겁게 타오르는
마지막 5분처럼

1849년 12월 러시아 세묘노프 광장의 사형대 위에 반체제 혐의로 잡혀온 28세 청년이 서 있었습니다. 집행관이 소리쳤습니다.

"사형 전 마지막 5분을 주겠다."

단 5분. 젊은 사형수는 생각했습니다. '나는 이 5분 동안 무엇을 할 수 있는가.' 그는 먼저 가족과 친구들을 떠올리며 기도했습니다. '사랑하는 나의 가족과 친구들, 먼저 떠나는 나를 용서하고 나 때문에 너무 많은 눈물을 흘리지 마십시오. 너무 슬퍼하지도 마십시오.' 2분이 지났습니다. '후회할 시간도 부족하구나. 난 왜 그리 헛된 시간 속에서 살았을까. 찰나의 시간이라도 더 주어졌으면….' 그리고 남은 1분. 사형수는 두려움에 떨며 주위를 둘러보았습니다. '매서운 칼바람도 이제 느낄 수 없겠구나. 맨발로 전해지는 땅의 냉기도 느낄 수 없겠구나. 그 무엇도 더 이상 볼 수도, 만질 수도 없겠구나. 모든 것이 아쉽고 아쉽다!' 사형수는 처음으로 느끼는 삶의 소중함에 눈물을 흘립니다. 바로 그 순간, 기적적으로 사형 대신 유배를 보내라는 황제의 감형 명령이 전해집니다. 사형 집행은 중단되었고 죽음의 문턱에서 가까스로 살아 돌아온 사형수는 그날 밤 동생에게 다음과 같은 편지를 씁니다.

"지난 일을 돌이켜 보고 실수와 게으름으로 허송세월했던 날들을 생각하니 심장이 피를 흘리는 듯하다. 인생은 신의 선물. 모든 순간은 영원의 행복일 수도 있다는 걸 조금이라도 젊었을 때 알았더라면…. 이제부터라도 내 인생은 바뀔 것이다. 다시 태어난다는 말이다."

훗날 젊은 사형수는 세상에 이름을 남기게 됩니다. 사연의 주인공은 러시아의 대문호 도스토옙스키입니다. 이후 시베리아에서 보낸 4년의 유배생활은 그의 인생에서 가장 값진 시간이 됩니다. 혹한 속에서 족쇄를 매단 채 지내면서도 창작활동에 몰두합니다. 글쓰기가 허락되지 않았던 유배생활에서도 시간을 낭비할 수 없어 종이 대신 머릿속으로 소설을 쓰기 시작합니다. 유배생활을 마치고 세상 밖으로 나온 도스토옙스키는 '인생은 연속된 5분'이라는 각오로 글쓰기에 매달렸고 1881년 눈을 감을 때까지 『죄와 벌』 등 수많은 불후의 명작을 발표합니다. 저는 도스토옙스키 일화를 서른 훌쩍 넘어 알게 되었어요. 여러분은 20대이 니 좀 더 많은 도움이 될 것 같습니다. 유튜브에도 올라와 있는 자료이 니 영상으로 보면 더 생생할 것 같아요.

　"시간은 금(金)이다"라는 금언(金言)이 있지만, 사실 시간은 생명 그 자체라고 할 수 있지요. 시간이 흐를수록 우리의 생명은 조금씩 줄어들 고 있습니다. 촛불이 타서 없어지는 것처럼 우리 삶도 희미하게 타들어 가고 있는 것이죠. 우리 모두 저마다 다양한 길이와 모습의 초를 하나 씩 들고 있고 그건 어느 순간 불이 붙여졌습니다. 언젠가 들고 있던 초 는 완전히 사라져 없어지는 순간을 맞이할 것입니다. 그러니 타는 동안 만큼이라도 뜨겁게 타오를 필요가 있습니다. 서늘하게 식어 있는 촛불 은 없잖아요?

　뜨겁게 타오르기 위한 방법을 알아보겠습니다. 시간은 진공 상태에 있죠. 하지만 자연은 진공을 허락지 않기 때문에 반드시 무언가로 채워 지기 마련입니다. 따라서 의식적인 노력을 기울이지 않으면 소중한 시 간이 무의미한 작업으로 가득 채워질 수 있습니다. 돌이켜보면 그렇고 그런 일상만이 남아 있게 되죠. 따라서 집중할 대상을 찾고 온전히 자 신을 쏟아부어야 합니다. 그래야만 시간에 지배당하지 않고 한정된 시간을 자기 것으로 만들 수 있어요. 지루함과 권태를 느낄 겨를이 없고 시간이 빠르게 흘러갈 것입니다. 훗날 돌이켜보았을 때 시간을 알차게 사용했다는 보람을 느낄 수 있을 것입니다.

> 의미 없는 생활을 하느라 바빠 뛰어다니는 사람이 너무 많아. 중요하다고 생각되는 일을 하고 있는 때조차도 반쯤 자고 있는 것 같지. 그건 그들이 엉뚱한 것을 쫓고 있기 때문이야. 자기의 인생을 의미 있게 살려면, 자기를 사랑해주는 사람을 위해 바쳐야 하네. 자기가 속한 공동체에 기여하고, 자신에게 목적과 의미를 주는 일을 창조하는데 헌신해야 하네.
>
> – 미치 앨봄, 『모리와 함께한 화요일:
살아 있는 이들을 위한 열네 번의 인생 수업』
공경희 역. 살림출판사, 2017

열역학 제2법칙이라고 하는 엔트로피 증가의 법칙이 있습니다. 엔트로피를 가장 쉽게 이해하려면 '특정한 공간의 무질서한 정도'라고 보면 된다고 하더군요. 따라서 엔트로피가 증가한다는 것은 무질서한 정도가 높아진다는 의미입니다. 책상 위에 연필 10자루와 연필꽂이가 있는 경우를 생각해봅시다. 이때 10자루 연필이 연필꽂이에 가지런히 있을 확률은 무척 낮겠죠? 반면 10자루 연필 중 몇 자루가 삐져나와 책상 어딘가 굴러다닐 확률은 가지런한 상태일 때보다 더 높습니다. 연필이 흩어져 있는 상태도 다양한 모습으로 배치되어 있을 수 있으니 경우의 수는 더 많아지겠죠. 후자가 좀 더 무질서해진 상태입니다. 우리가 경험적으로 보더라도 책상 위는 시간이 갈수록 정돈되어 있기보다는 무질서해지는 경향이 강하잖아요?^^ 그런데 이건 자연의 근본적인 법칙 중 하나라고 하니 책상 좀 어질러져 있다고 너무 스트레스 받지 않아도 되겠습니다.

다만 무질서한 정도가 증가하려는 경향, 즉 엔트로피가 증가하려는 경향을 줄이는 방법이 전혀 없는 것은 아니라고 해요. 엔트로피를 줄이려면 외부에서 물리적인 '일(work)'을 해줘야만 한답니다. 어질러진 책상을 정리하려면 우리는 힘(force)을 들여 일해야만 하지요. 여기저기 흩어져 있는 연필들을 연필꽂이에 가지런히 모아두려면 의식적인 노력을 기울여야만 합니다. 시간에 대해서도 마찬가지입니다. 가만히 내버려두면 온갖 핑계들이 스멀스멀 피어올라 쓸모없는 시간들로 채워질 가능성이 높습니다. 이는 언급했다시피 물리학 법칙이기도 하니까요. 여러분이 방향을 정하고 전진해야 합니다. 어질러진 책상 위를 정리하듯 시간들을 정리하고 어디에 집중력을 쏟을지 결정하세요.

도스토옙스키는 죽음의 문턱에서 살아 돌아온 이후 극적으로 삶이 바뀌었습니다. 그는 훗날 소설『백치』에서 사형대 위 최후의 5분을 다음과 같이 술회하였습니다. "나에게 마지막 5분이 주어진다면 2분은 동지들과 작별하는 데, 2분은 삶을 돌아보는 데, 그리고 마지막 1분은 세상을 바라보는 데 쓰고 싶다. 언제나 이 세상에서 숨을 쉴 수 있는 시간은 단 5분뿐이다."

우리가 도스토옙스키처럼 사형대 위에 오르는 경험을 할 수는 없겠지만, 간접체험을 통해 교훈을 얻었으면 해요. 남은 삶을 연속된 5분이라는 개념으로 접근한다면 불후의 명작까진 아니더라도 알찬 인생을 살았다는 자부심은 가질 수 있을 것입니다.

언제나 이 세상에서
숨을 쉴 수 있는 시간은 단 5분뿐이다.

— 도스토옙스키

12

스스로 서는 힘

"나이 50이 되니 이제 더 이상 무서운 게 없네."

어느 날 회식에서 그 자리의 수장이 한 말입니다. 무서운 게 없다니 참으로 무서운 말입니다. 실제로 그분은 함께 근무하는 동안 무서운 게 없어 보이는 말과 행동을 하긴 했습니다. 그 옛날 공자께서 나이 50이면 지천명(知天命)이라고 하늘의 뜻을 깨달았다고 하는데, 똑같은 나이 50에 어떤 분은 하늘의 뜻을 깨닫고 어떤 분은 무서운 게 없어졌다고 하네요. 할 수만 있다면 50에 하늘의 뜻을 알게 된 분과 친분관계를 맺고 싶지만, 안타깝게도 나이 50에 무서운 게 없어진 분과 가까이 지내야만 했습니다. 물론 4대 성인 가운데 한 분과 비할 수는 없는 일입니다. 하지만 적어도 성현들을 본받고 따라가려는 노력은 기울여야 한다고 생각해요.

공자께서는 나이에 관해 다른 말씀도 남기셨습니다. 나이 40은 불혹(不惑)이라고 하여 어떠한 일에도 미혹(迷惑)됨이 없어야 한다고요. 불혹의 나이를 넘기고도 자신의 신념대로 나아가지 못하고 이리저리 우왕좌왕한다면 볼썽사나운 일입니다. 링컨이 미국 대통령이던 시절 어떤 사람을 천거 받았으나 생긴 게 마음에 들지 않는다는 이유로 거절하였다고 합니다. 추천하였던 이가 멋쩍었는지 사람을 판단할 때 생긴 걸로 판단해서는 안 된다 한마디 했는데, 링컨의 대답이 압권이었습니다. 링컨은 "사람 나이 마흔이 되면 자기 얼굴에 책임을 져야 한다"며 재차 거절의 의사를 표현했다고 전해집니다. 나이 40이 되면 가만히 거울을 들여다보며 이 얼굴이면 되겠는지 조용히 자문해봐야 합니다. 문제없는 얼굴(?)로 남은 생을 살아가기 위해서는 자신에 대한 확신으로 주변에 의한 흔들림이 없어야 할 것입니다.

마흔이 되어 주변에 미혹됨이 없는 삶의 지침을 갖기 위해 서른에 해야 할 일이 있습니다. 공자께서는 삼십이립(三十而立)이라고 하여 서른에는 반드시 스스로 서는 힘을 길러야 한다고 강조하셨습니다. 스스로 설 수 있다는 것은 완전한 독립을 의미하며 세 가지 측면으로 나누어 생각해볼 수 있습니다.

우선 신체적 독립을 해야 합니다. 나이 서른이 되면 인생이라는 여정에 있어 신체 발달 단계를 마친 상태입니다. 인간은 누구나 어머니의 배 속에서부터 태아기를 거쳐 유아기-청소년기-성인기-노년기를 겪게 되죠. 10대~20대 시절의 청년기 동안 폭발적인 성장을 이루다가 30대에는 성인기에 접어들며 사실상 신체적 성장은 멈추게 됩니다. 나이 서른에 부모를 포함한 타인에게 기대지 않고 스스로 지탱할 수 있어야 함은 자연의 준엄한 명령일지도 모릅니다. 우리 몸의 성장 메커니즘이 그렇게 설정되어 있기 때문입니다.

또한 경제적 독립을 해야 합니다. 나이 서른이 되면 부모의 보살핌을 벗어나 입고, 먹고, 자는 모든 것을 스스로 해결할 수 있어야 해요. 성인이 되고 시간이 훌쩍 지났는데도 부모님께 생활적으로 의존하고 있는 캥거루족이 스스로 온전히 서 있다고 할 수 없잖아요? 나이만 서른이지 이립(而立)하지 못한 거예요. 나이 서른은 한 가정을 책임질 수 있는 연령이고, 가족을 먹여 살릴 호구지책이라도 있어야 합니다. 설사 가정을 꾸릴 생각이 없는 경우에도 집에서 나와 혼자 생활하는 것이 바람직해요. 결혼에 대한 선택 여부는 개인의 자유이지만, 부모의 자유마저 저당 잡아선 곤란하겠죠?

끝으로 가장 중요한 정신적 독립을 해야 합니다. 나이 서른이 되면 자신의 가치관을 뚜렷이 정립해야 합니다. 가치관이 뚜렷하다는 것은 자신의 입장을 명확히 정리할 수 있다는 이야기이고, 굳건한 신념이라는 토대 위에 분명한 입장 정리가 가능하다는 말입니다. 자신은 충분하다는 믿음을 갖고 스스로 설 수 있어야 합니다. 위로와 힐링도 좋지만, 그런 것들에 전적으로 기대어선 안 됩니다. 삼십이립의 의미는 자신의 힘으로 서라는 자립의 의미이지 다른 여타의 것들에 기대어 서 있는 모양새는 아닐 것입니다.

30대 시기의 언젠가 멘토를 해보는 것도 자립에 효과적입니다. 멘토링은 멘티들을 비롯한 다른 사람에게 좋은 영향을 줄 뿐만 아니라 멘토 자신에게도 의미 있는 일입니다. 우리는 이미 누군가의 멘토이지만, 특히 직업적 분야에서의 멘토링이 가장 뜻 깊은 멘토링이 될 수 있습니다. 선배는 후배에게 경험과 지식을 전수하고, 후배는 선배의 뒤를 이으며 자신들의 경험과 지식을 보태어 보다 나아진 결실을 맺습니다. 한 분야에 10년 가까이 몸담고 있었다면 뒤에 올 사람들을 위해서 전해줄 수 있는 무언가가 반드시 있을 것입니다. 그리고 후배들을 위해 자신의 경험과 느낌, 생각과 의견을 전하는 과정에서 멘토 자신이 버티고 서 있는 두 다리 또한 튼튼해질 것입니다. 멘티와 소통하면서 과거를 돌아보고 이를 바탕으로 미래를 내다볼 수 있습니다. 타인을 위해 나의 일부를 내어주었음에도 불구하고 내가 성장하였음을 느끼는 거예요. 자신의 생각과 의견을 정리하면서 보다 굳건한 신념을 가질 수 있기 때문입니다. 직업적으로 익어갈 무렵 혹은 30대 시기의 언젠가 멘토를 해보는 것은 멘토 본인의 자립을 위해서도 도움되는 일입니다.

우리 모두가 공자님처럼 살 수는 없습니다. 하지만 공자님의 가르침을 귀담아들을 필요는 있습니다. 우리보다 앞서 사셨고 지금까지 성인으로 추앙받는 데는 그만한 이유가 있습니다. 공자님의 말씀대로 서른에 스스로 서고(而立), 마흔에 온갖 것에 미혹됨이 없으며(不惑), 쉰이 되어 하늘의 뜻을 알 수(知天命) 있어야 합니다. 하늘의 명이 아무에게나 들릴 리 없어요. 끊임없이 생각하고 노력해야만 이를 수 있는 경지입니다. 부단한 노력에도 불구하고 하늘의 뜻을 알지 못할 수 있겠지만, 노력하는 과정에서 얻는 것이 있을 거예요. 적어도 나이 오십이 되어 무서운 게 없어졌다는 무서운 얘기는 입에 담지 않을 수 있겠죠?

멘토링은 자립을 돕는다.

13

우리네 부모님이
그랬던 것처럼

행복한 가정은 대개 공통점이 있는 반면 불행한 가정은 다양한 이유로 인해 불행을 겪고 있습니다. 가정의 행복은 가족의 건강과 신뢰, 그리고 먹고살 만한 경제력 등이 뒷받침되어야만 이룰 수 있는 좁은 문이지요. 그에 반해 가정의 불행은 이 가운데 어느 하나만 무너져도 쉽게 이룰 수 있는 넓은 문이라 할 수 있습니다.

어느덧 저도 부모님의 보살핌을 벗어나 가장이 되었습니다. 사회생활의 초년을 바다에서 시작해 가정을 꾸렸습니다. 그런 점에 있어서 지금 몸담을 곳이 있다는 것에 감사한 마음입니다. 물론 일하는 대가로 보수를 받는 거지만, 어쨌든 회사가 있고 내가 있음으로써 서로가 성장할 수 있었다고 생각합니다. 또한 자녀들이 건강하게 잘 자랄 수 있는 원천의 대부분도 제가 일하는 일터에 있으니 감사하지 않을 수 없습니다.

얼마 전 환갑을 맞이하신 어머니의 퇴임식을 조촐히 열어드렸습니다. 지난 세월 30년 넘게 미용실을 운영하셨던 어머니는 제가 돌이 막 지났을 때부터 미용학원에 다니며 기술을 익히셨다고 합니다. 제 딸아이가 이제 막 걸음마를 시작한 돌쟁이니, 아이를 보면 '내가 딱 저만 할 때 일을 시작하셨겠구나'라는 상념에 빠지곤 합니다. 얼마나 힘이 드셨을까 생각하면 가슴이 뭉클해집니다. 아이가 돌을 지나면 몸무게도 만만치 않아지고 무엇보다 한시도 가만히 있지를 않는데, 그것(?)을 등에 업은 채로 살아갈 길을 모색하고 뭔가를 배우셨다고 하니 혀를 내두를 따름입니다.

소싯적에는 "먹고살려고 일한다"는 말을 좋아하지 않았습니다. 젊은 혈기 때문인지 사람이 일을 하는 이유는 밥그릇 때문만이 아니라 보다 큰 가치를 위해 하는 것이라고 막연하게 생각했던 것 같습니다. 아직까지도 그 말을 좋아하는 편은 아니지만 시간이 지나고 보니 자녀들을 잘 먹이고 입히기 위해 일한다는 게 얼마나 숭고한 것인가를 깨닫게 되었습니다. 여러 가지 이유로 회사가 더 나아지길 바라지만, 자녀들을 위해서도 회사가 나아지길 바랍니다. 지금 당장은 어려움을 겪고 있더라도 모든 구성원이 하나 된 마음으로 정진한다면 좋은 결실을 맺을 수 있을 것으로 기대합니다. 가족 구성원이 하나 된 마음으로 정진할 때 행복에 다가갈 수 있듯이, 어떤 단위의 조직이든 마찬가지인 것 같습니다.

분명한 점은 그러한 하나 된 마음이 없다면 좋은 결과를 기대하기 어렵다는 것입니다. 다시 말해 행복을 비롯한 좋은 결과는 '만들어가는 노력'이 없다면 달성하기 무척 어렵습니다. 행복해지기 위해서는 상당한 노력을 필요로 합니다. 저절로 이루어지는 것은 하나도 없지요. 오히려 가만히 있게 되면 우리의 마음은 부평초처럼 떠내려가게 될지도 모릅니다. 단단한 마음을 가지고 행복의 좁은 문을 통과하기 위해 부단히 노력해야 합니다. 물론 반대의 생각이 있을 수 있습니다. "뭐하러 그렇게 열심히 해. 그냥 대충 살지!"전 이러한 의견도 존중합니다. 각자의 선택이고 각자의 몫입니다. 하지만 '노력하지 않는 노력'도 노력의 한 방식입니다. 본인이 편안한 삶을 지향하는 것일 뿐 그러한 삶을 살기 위한 인풋(input)활동이 있는 겁니다. 우리는 우리가 원하고 바라는 쪽으로 몸과 마음을 움직이도록 설계된 동물이기 때문입니다. 그러니 어느 방향이 됐든 자신이 원하는 목적을 향해 노력해야겠습니다. 넓은 의미에서 그 누구도 노력을 피해 갈 수 없습니다.

아이를 키우는 건 정말 힘든 일이지만, 아장아장 걷는 딸아이를 보며 힘을 얻기도 합니다. 저의 어머니께서 돌 지난 저를 업은 채 미용기술을 배우고 열심히 살아오셨던 것처럼, 저도 몸담고 있는 업(業)에 충실하고 사회에 기여하며 아이들을 잘 키워내야겠습니다. 어릴 적 부모님들이 우리에게 쏟은 정성을 되짚어보면 어떤 어려움도 이겨낼 수 있을 것입니다. 나와 가족, 그리고 직장동료 모두 각자의 자리에서 하나 된 마음으로 정진하여 결실을 맺고 함께 나눈다면 그보다 더한 기쁨과 행복은 없을 것 같습니다. 우리 모두 각자의 자리에서 최선을 다합시다^^

먹고살기 위해,
그리고 먹이기 위해 일하는 건 숭고한 일.

14 〰〰 70억분의 1, 그리고 +α

"주는 것 없이 미운 사람 있고, 받는 것 없이 좋은 사람 있다." 아마 제법 일리 있는 말이라고 느껴질 겁니다. 돌이켜보면 저도 누군가를 주는 것 없이 미워해본 적이 있고, 받는 것 없이 좋아해본 적도 있습니다. 똑같은 잣대로 남들도 저를 주는 것 없이 미워하거나 받는 것 없이 좋아해주기도 할 것입니다. 내가 그렇듯 남들도 그러할 테고, 내가 특별한 이유 없이 누군가를 좋아하거나 미워하듯이 그들도 그들 마음대로 나를 좋아하거나 미워할 권리가 있습니다. 이는 저를 포함한 모두의 자유입니다.

뜻대로 되지 않는 것이 사람의 마음인 점에서 보면, 나 자신의 것을 포함하여 상대방 마음도 뜻대로 되진 않습니다. 결국 네 가지 경우의 수를 생각해볼 수 있는데요.

내가 좋아하는 사람이 나를 좋아하는 경우

내가 좋아하는 사람이 나를 싫어하는 경우

내가 싫어하는 사람이 나를 좋아하는 경우

내가 싫어하는 사람이 나를 싫어하는 경우

좋지도 싫지도 않은 어중간한 경우가 있을 수 있고, 밋밋한 관계도 있습니다. 좋아하거나 싫어하는 감정 자체도 고정불변의 것이라기보단 변화무쌍한 성격을 띱니다. 실제 사람의 감정은 시시때때로 변하고요. 하지만 '좋다/싫다'라는 감정도 분명히 느낄 수 있기 때문에 관계의 모형을 단순화해서 생각해보는 것은 나름대로 의미 있는 일입니다.

좋고 싫음의 감정이 존재하고 '주는 것 없이 미운 사람 있고 받는 것 없이 좋은 사람이 있다'는 얘기를 인정할 수밖에 없다면, 결국 나의 반응이 중요합니다. 만인을 사랑으로 대하라는 격언이 있긴 하지만 어차피 우리는 성자(聖者)가 아니며 테레사 수녀님이나 프란치스코 교황님처럼 될 수도 없습니다. 좋고 싫은 감정이 분명히 느껴지는데 그 감정을 애써 부정하며 자신을 속일 필요가 없습니다. 우리가 분노의 감정을 느낄 수 있는 것은 분노라는 감정이 필요하기 때문입니다. 우리 선조들 중 적절한 분노의 감정을 느낄 수 있었던 조상들만이 살아남을 수 있었기 때문에 분노의 감정은 우리의 몸과 마음에 새겨져 있습니다. 무작정 분노를 억누르기만 해서는 화병(火病)이 도지기 십상입니다. 다만 분노의 감정을 해소하는 과정에서 타인에게 피해를 끼쳐서는 안 됩니다. 타인에게 폐를 끼치지 않는 범위 내의 감정 해소는 어디까지나 개인의 자유입니다.

'내가' 좋아하는 사람/싫어하는 사람을 마음껏 좋아하거나 싫어하고, '나를' 좋아하는 사람/싫어하는 사람은 마음껏 좋아하거나 싫어하라고 내버려둡시다! 어차피 우리 인생은 기쁨의 절정과 슬픔의 극한 사이를 쉴 새 없이 오가다 우리가 알지 못할 '정해진 시점'에 멈추게 될 것입니다. 이토록 명백한 진실 앞에서 후회 없이 살기 위해서는 기쁨이든 슬픔이든 한껏 끌어안고 '밀도 있는 삶'을 살아내야 합니다. 이 방법이 가장 수지(收支) 남는 장사 아닐까요? 알몸으로 태어나 옷 한 벌을 건지듯 나의 감정들(기쁨이든 슬픔이든)을 소중하게 다루면서 길어 올려야 합니다. 감정으로부터 완전히 자유로울 수 없기 때문에 싫어하거나 좋아하는 경우가 있음을 인정한다면, 행동 지침을 정해야 합니다. '내가' 혹은 '나를' 싫어하는 사람들로부터 배울 점은 배우되 최대한 가벼운 마음으로 대하고, '내가' 혹은 '나를' 좋아하는 사람들과는 기쁨과 슬픔을 함께 나누며 좋아하는 감정을 키워 나가야겠습니다.

결코 대결 구도를 형성하라는 얘기가 아닙니다. '내가 누군가를' 또는 '누군가가 나를' 좋아한다, 싫어한다 딱 부러지게 느낄 수 있는 것도 아닙니다. 사람의 감정은 그렇게 단순하지 않을 뿐만 아니라 변하기 쉬운 성질을 갖고 있어요. 그렇게 미덥지 못하고 불분명한 감정에 지배당하지 말라는 이야기입니다. 감정에 지배당하지 않기 위해서는 내가 느끼는 다양한 감정들을 인정하고 적절하게 다룰 줄 알아야 합니다. 예컨대 내가 다가서려 해도 상대가 나를 밀쳐낸다면, 썩 기분 좋은 일은 아닐 거예요. 또 사흘 밤낮을 고민하다 힘겹게 고백했는데 상대는 내 마음과 다른 경우도 있죠. 이때 마음에서 일어나는 감정을 가만히 들여다보면서 좌절감은 인정하되, 그 외 필요 없는 감정들은 덜어낼 필요가 있습니다. 쓸모없는 물건을 정리하듯 마음속 정리정돈을 해야 합니다. 그래야만 한정된 나의 시간, 그리고 유한한 나의 에너지를 아낄 수 있는 것입니다. 나의 시간과 에너지를 불필요한 곳에 낭비하지 않고 좀 더 유익한 곳에 쏟아부을 수 있을 것입니다.

이솝우화의 신포도 이야기도 참고해볼 수 있습니다. 우화 속 여우는 자신이 닿지 못하는 포도는 신포도일 것이라며 그대로 지나치고 마는데요. 때로는 이런 삶의 자세도 필요하다고 생각합니다. 자신이 닿을 수 없는 포도는 그냥 지나치는 유연함과 자신이 먹지 못하는 포도는 신포도일 것이라는 탁월한 마인드 세팅력. 이제 자신의 손이 닿는 포도를 다시 찾아 맛있게 먹으면 그만입니다. 어차피 세상에는 많은 포도송이가 존재합니다. 굳이 내가 닿지 못하는 높은 곳의 포도송이를 하염없이 바라보며 애태울 필요가 없죠. 우화 속에서 여우가 옆집에 사는 두루미에게 저기 있는 포도는 신포도라며 먹지 말라고 강요하거나 유언비어를 퍼뜨리면 모르겠지만 그냥 저 혼자서 생각하고 포도 따기를 그만둔 것이라면 전혀 문제될 게 없습니다. 내가 닿을 수 있고 나에게 맞는 포도송이를 찾아 즐기면 됩니다.

어른들이 자주 하시는 말씀 가운데 하나가 "세월 참 빠르다"는 얘기일 것입니다. 이는 뇌 과학에서도 밝혀진 사실인데, 어린 나이일수록 뇌 신경세포의 전달 속도가 빠르기 때문에 같은 시간 안에 더 많은 프레임을 찍을 수 있다고 합니다. 이로 인해 어린 시절은 시간이 더디 가는 것처럼 느껴지는 게 개인의 기분 탓이 아닌 거죠. 체감하는 시간의 속도가 나이에 따라 차이가 나는 것입니다. 똑같이 주어진 1시간을 10분마다 6번 찍는 프레임과 1분마다 찍어서 60번 기록된 프레임은 차이가 날 수밖에 없습니다. 하지만 시간은 일정하게 흐르고 있으며 시간이 빠르든 느리든 확실한 건 우리에게 부여된 시간이 정해져 있다는 것입니다. 우리만 모를 뿐 우리에게 남은 시간은 정해져 있습니다. 그런 점에서 우리 모두는 시한부 인생을 살아가고 있습니다.

그러니 한정된 시간 내에 나의 소중한 감정들을 잘 길어 올리도록 합시다. 좋아하는 사람을 좋아하고, 싫어하는 사람은 싫어하기도 하면서. 그리고 다른 사람이 나를 좋아하든 싫어하든 그 감정들을 겸허히 받아들이도록 합시다. 내가 모든 사람들을 좋아하거나 모든 사람들이 나를 좋아하도록 하는 것은 너무 힘든 일입니다. 내가 할 수 있는 것은 나와 나의 주변 사람들을 돌보고 챙기는 일입니다. 주변 사람을 대할 때도 나와 결이 맞지 않는 사람들이라면 가벼운 마음으로 만나보세요. 혹시 맞지 않는 부분이 불거진다면 신포도를 지나치듯 대수롭지 않게 지나치는 것도 하나의 방법입니다. 내가 닿지 못하는 곳의 포도를 애써 따려 한다면 어딘가 탈이 나기 마련이에요. 어차피 못 먹는 포도송이를 굳이 찔러보려 애쓸 필요 없어요. 그저 가볍게 지나치면서 나의 손이 닿는 곳의 싱싱한 포도를 즐기면 됩니다. 그리고 그것은 나를 포함한 내 주변 사람들이 좋아지는 의미가 있습니다. 나와 나를 둘러싼 누군가 조금이라도 좋아진다면 70억분의 1 +α만큼 세상도 좋아질 거라 믿습니다.

강건함은 당신을 싫어하는 다수보다 좋아하는 소수에 더 신경 쓰는 것이다.
나약함은 당신이 좋아하는 다수보다 싫어하는 소수에 더 신경 쓰는 것이다.

강건함을 선택하라.

– 팀 페리스

내겐 너무 소중했던 멘토링 ✧

멘토: 이제 저희 멘토 프로그램도 막바지에 다다렸네요.

멘티 2: 선배님, 너무 아쉽습니다.

멘티 1: 그래도 그동안 해주시는 말씀들이 큰 도움이 되었어요.

멘토: 저도 여러분들과 보낸 시간이 큰 도움이 됐고, 참 귀하게 느껴져요.

멘토: 그래서 그동안 우리의 시간이 어떤 영향을 미쳤는지 한번 생각해봤어요.

멘티 1: 저희가 선배님께 도움을 드렸다구요??

멘토: 네, 멘토의 경험을 통해서요.

멘토: 제일 먼저 제 자신의 자존감도 높아진 것 같아요.
여러분에게 도움을 줌으로써 저의 자기 효능감이 올라갔다고 제 스스로 저를 높이 평가할 수 있었어요.

멘토

그리고 신세대인 여러분과 이야기를 나누면서 저의 젊은 시절을 돌이켜 보기도 하고 미래를 계획하는 데 큰 참고가 되었어요. 나의 힘들었던 시절을 떠올리니 그때의 어려움을 이겨낸 지금이 더 소중하고, 앞으로의 어려움도 이겨낼 수 있을 거란 확신이 들더군요.

멘토

마지막으로 여러분과 공감대를 나눌 수 있어서 좋았습니다. 대화를 하는 방법, 공통점을 찾기도 했지만 차이점을 인정하고 논의해가는, 자세를 바로잡을 수 있는 시간들이 정말 좋았어요.

그렇게 말씀해 주시니 저희도 지난 시간이 더 뿌듯합니다!

멘티 3

멘토

누군가의 삶에 기여한다는 것, 기분 좋은 일입니다. 애정을 가진 대상의 성장을 바라보며 저의 행복 역시 한층 커졌음을 느낍니다.

멘토

여러분이 저에게 좋은 멘티가 되어주었듯, 여러분 또한 멘토로서 좋은 멘티들을 만나 제가 느낀 것들을 느껴볼 수 있을 그날을 기대하겠습니다.

선배님, 너무 감사했습니다!

멘티 단체

회자정리(會者定離), 거자필반(去者必返)이라는 말이 있습니다. 사람 사이엔 이별이 정해져 있고, 떠났던 사람은 반드시 돌아오기 마련이라는 의미의 말입니다.

멘티들과 언제나 현재에 충실하고 유익한 시간을 보내면서도 언젠가 헤어짐은 예정되어 있었습니다. 처음 멘토링 프로그램을 함께 시작했던 멘티 가운데 한 친구가 떠났습니다. 2등 항해사로 승진하면서 멘토방을 나간 것입니다. 원래 이 멘토링 제도는 2등 항해사부터는 대상자에 포함되지 않습니다. 애당초 사회초년생이자 신입 직원인 3등 항해사의 원활한 적응을 위해 마련된 프로그램이었으니까요. 3등 항해사 시기를 거쳐 무사히 2등 항해사로 진급했다는 의미이기도 합니다. 생애주기에 있어 특정 시점에 멘토였던 사람이 다른 시점에서는 아닐 수 있습니다. 멘티들이 신입직원 티를 벗고 원만하게 회사에 적응하게 되면 멘토로서 저의 역할도 끝이 납니다. 멘티 대상에서 제외된 친구는 사회초년생의 티를 벗고 직업 적응 과정을 완전히 마쳤으며 스스로 설 수 있게 되었습니다.

멘티 한 명과 헤어지면서 성장한 새끼를 떠나보내는 어미 새의 심정을 어렴풋이 알 것 같기도 했습니다. 나 아닌 누군가의 성장에 도움을 주었을 때 느낄 수 있는 보람이 있습니다. 눈에 보이는 보상이 있는 건 아니지만 나의 경험을 들려줌으로써 누군가 도움을 받았을 거라는 생각. 가슴 한편이 뿌듯해지고 그렇게 누군가의 성장과 나의 보람이 돌고 돌아 세상을 좀 더 나은 곳으로 만들 것이라는 확신이 들기도 합니다. 자녀들이 잘되길 바라며 가르칠 때와는 사뭇 다른 기분입니다. 생물학적으로 나와 연관이 없는 사람들에 대한 관심은 내 마음의 온도를 1°c 이상 높여주었습니다. 자녀에 대한 관심은 자연스럽고 당연한 것이며 특별할 것이 없지만, 나와 유전자를 공유하지 않는 타인에 대한 관심은 부자연스럽지만 특별했습니다.

다시 '회자정리 거자필반'으로 돌아가보자면, 인구에 회자되는 이 말은 인생이나 인간관계에 있어서 무상(無常)함을 나타내는 말로 쓰이기도 합니다. 하지만 저는 그 해석에 쉽게 동의하기 어렵습니다. 모든 만남에 처음과 끝이 있겠지만, 그 사이에 있었던 시간들마저 덧없이 사라져버린다고는 생각하지 않아요. 멘티들과 보낸 시간은 제 기억에도 그들의 몸과 마음에도 새겨져 있다고 믿습니다. 멘토링 시간을 가졌던 전과 후가 완전히 같을 리 없습니다. 우리는 이미 이전과는 다른 사람이 되었습니다. 멘토링을 통해 보낸 시간들이 유익했기를, 각자의 성장에 좋은 밑거름이 되길 바랄 뿐입니다. 온라인 커뮤니티라는 여건상 특별한 추억을 만들었던 건 아니지만 서로 아끼며 잘되길 바란다는 진심은 통한 것 같습니다. 언젠가 시간이 흘러 나의 멘티였던 후배들이 누군가의 멘토가 되는 날이 올 거라 상상하는 것만으로도 즐거워집니다. 지금 제가 멘티들과 대략 10년 터울이고 첫째 아이와는 30년 터울이니, 첫째 아들이 내 멘티의 멘티의 멘티가 될 수도 있을 거예요. 만약 그런 날이 온다면 우리 자녀 세대들은 후배 세대의 지식과 경험이 더해진 양질의 멘토링을 전수받게 될 것입니다. 생각이 여기까지 미치면 멘티들을 포함한 주변 사람들을 더욱 조심스럽게 대하고 정성을 기울여야겠다고 다짐하게 됩니다.

간 사람은 돌아오기 마련이라는 거자필반은 이 세상이 아니라 저 세상을 기준으로 한 얘기일 것입니다. 개인적으로 부처가 말하는 '거자(去者)'는 저승에서 봤을 때의 '거자'가 아닐까 싶습니다. 저승의 입장에선 떠났던 사람이 이승에 잠시 머물러 있다가 다시 돌아오는 것이며(必返) 그럼 반대편 이승에 모여 있던 사람(會者)들에겐 자연스럽게 이별이 정해지는(定離) 순리인 것입니다. 이별의 순간은 정해져 있고 우리는 언젠가 반드시 헤어질 것을 알고 있습니다. 하지만 언젠가 헤어진다고 해서 함께했던 시간이 무의미해지는 것은 아닙니다. 함께 있는 시간 동안 의미를 만들어야 하며, 그 시간은 함께했던 모두에게 영향을 미칩니다. 나아가 멘토링을 하면서 좋은 영향을 받은 사람은 다른 곳에서도 긍정적인 기운을 전할 수 있을 것입니다. 이즈음 되면 시간은 무의미하게 사라져가는 것이 아니라 오히려 시간의 증폭을 일으키는 셈이 됩니다.

지금 곁에 있는 멘티들이 훗날 각자 있어야 할 곳으로 돌아가게 된다 할지라도 두 발로 꿋꿋하게 설 수 있길 기원해봅니다. 그러기 위해서 함께 있는 시간을 더욱 소중히 여기며 정성껏 다뤄야겠습니다. 헤어짐이 있고 끝이 있기 때문에 현재가 더없이 귀중하다는 역설이 펼쳐집니다.

지금 이 순간에도 어딘가에서 멘토링이 이루어지고 있을 것입니다. 부모는 아이를 낳고, 아이는 부모의 관심과 보살핌 속에서 자랍니다. 선생은 가르치고 학생들은 보고 배웁니다. 직업의 현장에서 선임자는 후임자에게 본보기가 되며, 후배들은 선배들을 보고 배웁니다. 보고 배우는 과정을 거치지 않고서는 성장이나 발전을 기대할 수 없어요. 성장과 발전을 위해서는 보고 배우는 과정을 반드시 거쳐야 합니다. 보고 배우며 성장과 발전을 거듭한 끝에 현생 인류는 지금과 같은 번영을 누릴 수 있게 된 것입니다. 보다 나은 세상을 향해 나아가기 위해서 멘토링이 필요하다는 사실을 우리는 감각적으로 알고 있는 셈이죠. 그런 의미에서 멘토링은 둘 이상이 모인 어느 곳에서든 다양한 모습으로 끊임없이 이루어질 수 있으며 실제로 이루어지고 있습니다. 멘토링은 언제나 현재 진행형입니다.

회자정리(會者定離).
거자필반(去者必返).
그리고 생자필멸(生者必滅).

우울한 김 과장도
희망을 꿈꾼다

01

한때 자기계발서
매니아였던 남자

고백하건대 저도 한때는 자기계발서에 완전히 빠져 있었습니다. 젊었고, 꿈에 대한 갈증과 절박함을 가지고 있었죠. 상상만 하면 모든 게 이루어진다고 하는 일부 자기계발서의 이야기는 달콤했습니다. 그 희망이라는 사탕의 달콤한 맛에 취해 계속해서 빨아먹다 손에서 놓지 못하는 지경에 이르고 말았습니다. 하지만 세상은 내가 상상한다고 해서 모든 게 이루어질 만큼 말랑말랑한 곳이 아니었어요. 때로 운명은 저를 시험하기라도 하듯 짓궂게 다가왔죠. 하늘은 스스로 돕는 자를 돕는 게 아니라 돕도록 예정된 자만 돕는다는 말이 진실에 더 가깝다는 생각이 들었습니다. 상상만 하면 모든 게 이루어진다는 말이 거짓임을 깨닫고, 갖고 있던 자기계발서들을 내다 버렸습니다. 손에 들고 있던 그다지 이롭지 못한 막대사탕을 스스로 깨부순 것이죠.

물론 모든 자기계발서가 해롭다는 뜻은 아닙니다. 독서법, 시간 활용, 메모 습관 등 생활 전반에 걸쳐 향상을 도모하고 자신을 고양시키는 일은 생산적인 활동임이 분명해요. 자신을 갈고닦아 어제보다 나은 삶을 만들어가는 일은 아름답기까지 합니다. 그러나 상상만 하면 된다는 식의 주술적 자기계발서들은 조금 신중히 살펴볼 필요가 있습니다. 이런 류의 책은 전하는 메시지가 일관되고 간단하다는 점이 특징인데, 그만큼 대중적으로 널리 읽히며 판타지 영화를 보는 것 같은 희열을 전해줍니다. 그렇지만 모든 영화엔 끝이 있기 마련입니다. 상영이 끝나면 현실로 돌아와 생활 전선에 임해야 해요. 적당한 선에서 끝내야 하는 일이지, 판타지 영화가 내 삶에 지장을 초래할 정도로 내버려두어서는 안 됩니다. 주술적 자기계발서가 삶의 의욕을 고취시킬 수는 있겠지만 그 작업에만 빠져 있어서는 곤란합니다. 당장 자식들 먹일 밥도 없으면서 종교기관에 쌀을 갖다 바치는 행위에 대해 다양한 견해가 있을 수 있지만, 저의 관점에선 불편한 일입니다. 그래서는 안 된다고 생각하는 사람 가운데 하나입니다.

위로와 힐링 열풍을 타고 소위 스타가 된 사람들이 많습니다. 그들은 상처받은 영혼에 위로를 건네며 멘토를 자처합니다. 물론 좋은 뜻에서 하는 일임을 알고 있으며 실제 많은 사람들이 그분들을 통해 위안을 얻기도 합니다. 하지만 그 위로가 삶의 현실적인 문제들을 해결해주지는 않습니다. 누구나 당면한 삶의 문제에 대한 해결은 본인 스스로 해야 합니다. 어떤 누구도 대신해줄 수 없는 건 위대한 종교지도자라 해도 마찬가지일 것입니다. 나 아닌 다른 사람에 대한 기대는 한계를 짓도록 합시다. 위로를 건네받았으면 이를 바탕으로 다시 삶의 항해를 시작해야 합니다. 거친 세상의 파고를 넘어 내 인생의 항로를 결정 짓는 이는 오직 나뿐임을 인식해야 합니다. 다른 사람의 조언을 들을 수는 있겠지만 어디까지나 참고 사항일 뿐 삶의 키(배의 방향을 조종하는 장치)를 내어주어서는 안 됩니다.

차이코프스키 비창의 템포 가운데 'Adagio(아다지오) Allegro(알레그로) Nontroppo(논트로포)'로 표기돼 있는 곳이 있다고 합니다. '느리게 빠르게 지나치지 않게'라는 의미인데, 선뜻 납득이 가지 않는 지시문입니다. 느리게면 느리게고 빠르게면 빠르게지, 느리고 빠르게라니. 이 무슨 말도 안 되는 소리인가 싶습니다. 그렇지만 우리 삶의 묘미도 느리면서 빠르게 진행되는 역설 속에 있는 것 같다는 생각이 문득 들기도 합니다. 백지장도 만들면 나을지, 사공이 많으면 정말 배가 산으로 갈지 당최 알 수 없습니다. 그때그때 상황을 판단하면서 알맞게 끼워 넣는 방법이 최선입니다. 90년대 외환 위기 이후 자기계발의 쓰나미가 우리를 덮쳤습니다. 특히 주술적 자기계발서들은 전염병처럼 우리 사회에 번져 나갔고요. 하지만 주술적 자기계발서마저도 대증요법으로서는 효과가 있습니다. 다만 완전한 치료제가 아닐 뿐인 거죠. 자기계발 콘텐츠들에는 명과 암이 있으며, 좋기만 하거나 안 좋기만 한 건 세상에 거의 없습니다. 거의 모든 것에 좋거나 안 좋거나 두 가지 요소가 공존하고 있습니다. 그런 점에서 차이코프스키가 '느리게 빠르게 지나치지 않게'라고 한 주문은 본질을 꿰뚫는 것이며 우리 삶에도 적용할 수 있다고 생각합니다. 결국 균형감각이 중요하다는 메시지입니다.

우리는 태어나면서부터 다양한 관계 속에 있지만 서른 즈음이 되면 홀로 설 수 있어야 합니다. '스스로 서는 힘'과 관계 속에서 '함께하는 힘' 모두를 길러야 합니다. 이 둘은 그렇게 이율배반적인 관계가 아닙니다. 혼자 힘으로 온전히 설 수 있어야 다른 사람과 함께할 수도 있습니다. 인간 탑 쌓기를 연상하면 좋을 것 같은데요, 인간 탑을 쌓으려면 먼저 구성원 각자가 버틸 수 있는 힘이 있어야 하고 밑에 있는 사람이 든든히 받쳐준다는 신뢰가 있어야 합니다. 누구 한 사람이 움찔하거나 집단 간 믿음이 깨져버리면 인간 탑은 순식간에 와르르 무너져 내리고 말 것입니다.

실제 스페인에서는 2년마다 인간 탑 쌓기 축제가 열린다고 합니다. 이때 참가하는 사람들이 길 가는 아무개와 팀을 이루려고 하지는 않을 거예요. 그래도 제법 튼실한 팔다리를 갖고 있고 믿음이 가는 멤버를

영입하려 할 것입니다. 우리가 함께할 수 있는 사람들도 이와 같다고 생각합니다. 어차피 모든 사람들에게 사랑과 온정을 베풀며 잘 지낼 수는 없는 노릇이죠. 그런 막중한 과업은 다시 한 번 말하지만 프란치스코 교황님께 맡겨두도록 합시다. 하지만 내가 닿을 수 있는 거리에 있는 사람들은 챙겨서 함께 가는 게 좋을 것 같습니다. 사람은 쉽게 변하지 않는다는 점을 감안했을 때 70억분의 1에 해당하는 나, 그리고 주변 몇몇을 담아내는 데 집중할 필요가 있습니다. 괜히 엄한 데 용쓰느라 힘 빼지 맙시다. 내가 닿을 수 있는 거리에 있는 사람들만 해도 충분합니다. 닿지 못하는 사람들은 신포도를 지나치는 여우처럼 여유 부리는 것도 좋겠습니다. 내가 좋은 영향력을 미칠 수 있고, 나의 작은 몸짓으로 인해 상대가 좋아질 수 있다면 그 길이 무엇보다 나은 길입니다. 큰 욕심 부리지 말고, 나를 포함해 70억분의 '1 + 알파' 게임을 하듯 소소하게 시작해봅시다. 성냥으로 밝힌 불은 미약하지만 주변을 밝게 비출 수 있습니다. 우리 개개인은 작은 성냥에 불과하지만 그 성냥으로 주변을 밝게 비출 수 있음을 기억하고 작은 불꽃이 되어 주변을 밝히도록 합시다.

우리는 얻은 것으로 삶을 유지하고,
베푸는 것으로 삶을 완성한다.

– 처칠

02
사랑이
밥 먹여준다

흔히들 '사랑이 밥 먹여주냐?'라는 말을 하곤 합니다. 저는 그렇게 생각합니다. 왜냐하면 사랑은 실제로 '밥'을 구해다 주기 때문입니다. 어느 다큐 프로그램에서 '턱끈펭귄'의 하루 생활을 보았습니다. 수컷 펭귄 수백 마리가 아침 일찍부터 먹이를 구하기 위한 대장정에 나섭니다. 거센 파도와 온갖 위험을 무릅쓰고 바다를 헤쳐 나간 펭귄들은 때로는 떠밀리고 부딪쳐 상처투성이가 됩니다. 그럼에도 불구하고 저녁 무렵이 되면 어김없이 먹이를 한가득 구해 오는 것입니다. 보기엔 다들 비슷비슷하게 생긴 펭귄들인데, 뒤뚱뒤뚱 걸어가 자기네 가족들을 용케 찾아내기까지 합니다. 가족들과 반갑게 인사를 나누며 구해 온 먹이를 나누어줍니다. 그 모습을 보며 우리가 사는 모습과 별반 다를 게 없다고 느꼈습니다. 저 역시 전쟁 같은 일터에서 고군분투하다 집에 돌아와 식솔들과 음식을 나누어 먹습니다. 다만 제가 구해온 먹이는 한 달에 한 번 통장에 찍혀 오기 때문에 한 달 중 급여일을 제외한 나머지 나날들은 빈손으로 돌아온다는 차이 정도가 있겠습니다.

〈해뜰 무렵 먹이를 구하러 나가는 펭귄〉

펭귄이나 우리들이 거의 매일같이 하는 활동인 '먹이 구하기'가 결국 유전자 보존이라는 본능적인 행동에 불과하다는 견해도 있습니다. 물론 본능에서 기인하는 측면도 있을 거예요. 하지만 사랑의 정의가 '어떤 존재를 몹시 아끼고 소중히 여기는 마음'이라고 할 때, 펭귄과 우리가 매일같이 빵 문제 해결을 위해 하는 노력도 사랑임이 분명합니다. 나 아닌 상대를 위한 아낌없는 마음이 있기 때문에 험난한 세상과 부딪혀 먹을 것을 구해 오는 것입니다. 나 하나의 생계유지를 위해서라면 그렇게까지 힘들게 살진 않을 것입니다. 나를 뛰어넘어 다른 존재를 위한 사랑이 아니고선, 놀라운 힘을 발휘할 수 없습니다.

이 시대 가장들이 일터에서 힘든 상황을 맞이할 때면 입에 달고 사는 얘기가 "아이고, 처자식만 아니었으면 당장에 때려치울 텐데"입니다. 어느 정도 일리 있는 말이다 싶어요. 자기 자신만을 생각한다면, 그렇게까지 몸과 마음 상해가며 고생스럽게 살 것 같진 않습니다. 그저 적당한 소일거리를 호구지책 삼아 생활하지 않았을까요. 나의 입만 생각하는 게 아니라 처자식 입까지 눈에 삼삼하니, 적당한 일거리에 안주할 수 없는 것입니다. 적당한 일거리를 뛰어넘을 수 있는 강력한 힘은 처자식들의 입. 그들에 대한 사랑으로부터 옵니다. 그러니 앞으로 누가 "사랑이 밥 먹여주냐?"라고 묻는다면, "응! 사랑이 먹여줘, 밥!"이라고 당당히 대답하세요. 사랑하는 사람을 위해서라면 어려운 일을 기꺼이 해내며 밥을 구해오는 우리들이 아닙니까. 그래도 제법 탄탄한 논리라고 생각합니다. 요즘엔 애완동물을 키우는 사람들도 많으니 사랑하는 '존재'를 위해서라면 기꺼이 밥을 구해 오는 게 우리라고 좀 더 확대해도 무방할 것 같습니다.

말이 나온 김에 '사랑의 그릇'을 좀 더 크게 가져가는 것도 좋을 것 같습니다. 비단 내 가족, 내가 돌보는 애완동물만을 위한 사랑이 아니라 나와 동시대를 살아가는 이들에 대한 사랑. 함께 걸어가며 수고 많다고 어깨를 다독여줄 수만 있다면, 사랑의 그릇이 더욱 커졌다고 할 수 있겠습니다. 사랑의 그릇 크기에 비례해서 나의 행복이 증진될 수 있습니다. 나와 동시대를 살아가는 사람들 중 내가 좋은 영향을 미칠 수 있고 나의 도움을 긴요하게 바라는 이들은 바로 나의 후배들일 것입니다. 직장에서, 학교에서 나의 뒤를 밟고 있는 후배들은 본인들의 앞날이 무척 궁금할 것입니다. 이때 내가 조금 먼저 살아온 사람으로서 경험담을 이야기해주고 격려해주면 그들에게 좋은 재료가 될 것입니다. 거창한 이야기를 할 필요는 없습니다. 그저 내가 겪어온 경험들을 보여주기만 해도 그 마음은 잘 전달될 것입니다. 설사 나의 부족한 부분, 실패 사례를 듣더라도 자신들에게 필요한 부분을 잘 걸러 들을 것입니다. 앞서 말했듯 요즘 젊은 사람들의 학력은 과거 대비 월등히 높아졌으며, 그에 비례해 교양과 지적 수준 또한 높아졌습니다. 가능한 나의 경험을 그들에게 들려줄 수 있는 기회를 되도록 많이 가지려고 하되 이후 나의 경험을 바탕으로 어떤 판단을 할지는 전적으로 그들의 몫으로 남겨두어야 하는 것입니다.

사랑: 어떤 사람이나 존재를
몹시 아끼고 소중히 여기는 마음.

03

≋

어차피
살아야 한다면

보슬보슬 비가 내리고 어둠이 짙게 깔린 어느 밤. 부산 고속버스 터미널에 도착했습니다. 상가(喪家)에 다녀오는 길이었죠. 비교적 저와 가까웠던 이의 마지막을 보고 오는 터라 여느 문상보다 조금 특별했습니다. 나의 작은아버지, 삼촌의 죽음이었습니다. 그의 나이 향년 57세. 몸과 마음이 성치 않았던 고인은 어두컴컴한 저녁 찻길을 건너다 비명횡사했습니다. 다가오는 차량을 인식하지 못했는지 아니면 알지 못할 힘에 이끌려 하필 그 시간 그 자리에 있었는지 모르겠습니다. 사고 영상을 보지는 못했지만, 가해 차량의 속도는 그다지 빠른 편이 아니었다고 합니다. 어떤 이는 아마도 작은아버지의 몸과 마음이 온전치 않았던 게 사고 즉시 숨을 거둔 원인이라 추측하기도 했습니다. 튼튼한 사람이었다면 그 정도 충격으로 사망까지 이르진 않았을 거란 얘기입니다.

뜻밖의 사고 소식을 접하고 황망한 마음으로 전남 광양까지 달려갔지만 다음 날 회사 복귀를 위해 저녁에 귀가해야 했습니다. 부산에 도착한 시간은 저녁 9시 무렵. 보통 그 시간엔 잘 챙겨 먹지 않는 편인 데다 왠지 입맛이 없음에도 불구하고 무언가 먹고 싶은 마음이 들었습니다. 몸에 좋든 말든, 달고 맛있는 씹을 거리를 입안에 넣고 그 풍미를 가득 느껴보고 싶어졌습니다. 내가 살아 있기 때문에 느낄 수 있는 것들을 누려보고 싶은 마음이었던 것 같은데, 당시 떠오르기론 무언가 먹는 것이 산 자와 죽은 자의 경계를 분명히 하는 일이라 생각한 것 같습니다. 그렇게 고인은 할 수 없지만, 저는 할 수 있는 것을 찾아 행동으로 옮기려 했습니다.

간단한 요깃거리를 찾던 중 햄버거 가게가 눈에 띄었습니다. 음식을 주문하고 한입 베어 물었습니다. 대충 씹어 삼키지 않고 꼭꼭 씹어 먹었습니다. 이승에 있는 자로서의 혜택을 온전히 누리게 되니 언뜻 기쁜 마음까지 들었습니다. 조금 전까지만 해도 애도를 표하며 슬픔에 잠겨 있었지만, 이제는 기쁨이 조금씩 차오르기 시작했습니다. 내가 살아 있다는 이유 때문입니다. 터미널에서 집으로 오기 위해 지하철에 올랐습니다. 속을 든든히 채웠음에도 어딘지 모를 공허감이 밀려왔습니다. 나와 가장 가까운 혈친의 죽음이고, 저승으로 간 사람 중 나와 가장 많은 이야기를 나눈 이의 죽음이었기에 삶이 덧없다는 생각이 들었습니다.

'나도 언젠가는 죽음을 맞이할 텐데, 그러면 모든 게 끝인데, 어떤 의미를 갖고 삶을 대해야 하나…' 주체할 수 없는 감정이 되어 무언가 적고 싶다는 욕망이 일었습니다.

설명하기 어려운 이 마음을 어떻게 표현해야 할까 고민하던 중 천상병 시인의 시가 떠올랐습니다. 선생께선 생전에 병마에 시달리며 고통스러운 나날을 보냈지만, 아름다운 미소와 작품을 남기셨죠. 그중 두 가지 시가 가장 와 닿았는데, 〈귀천〉이라는 유명한 시는 사랑했던 작은아버지를 떠나보낸 심정을 위로해주는 듯했고, 〈막걸리〉라는 시는 앞으로 어떻게 살아가야 할지 막막했던 저에게 힌트를 건네주는 것 같았습니다. 그날 SNS에 두 편의 시를 업로드했고, 그건 아직까지도 남아 있습니다.

이 세상을 소풍처럼 다녀갔을 작은아버지가 아름다움을 간직하셨기를 바라며, 우주도, 세계도, 인생도 즐거움과 만족을 목적에 두고 살아가는 것이란 존경하는 시인의 말씀을 간직하고자 합니다. 그날의 울림이 아직까지 전해지는 듯합니다.

목적은 다만 즐거움인 것이다.
즐거움은 인생의 최대 목표이다.

04 가까이 다가온 탄생의 기쁨

가는 사람은 가고,
오는 사람은 오고
하는 게 세상만사 법칙인가 보다.

모든 이들에게 주어진 시간과 공간이
씨줄과 날줄로 얽히고 얽혀, 나와 같이 호흡하는
동시대 사람들은 얼마나 귀한 인연인가.

우리는 그저 처음과 끝이 정해진
지구별 여행자에 지나지 않는다.

그리고 오늘 나는 무척 특별한 인연을 만났다.

부녀의 인연으로 맺어진 너와 나.

지구별 여행 온 것을 환영하며,
이왕 시작한 여행 즐거운 여행이 되도록
우리 서로 손 내밀며 두 손 맞잡고 가자꾸나.

가는 사람은 가기 마련이고,
오는 사람은 오기 마련이니,
거스를 수 없는 것 따위 운명에 맡기고,
너와 나 즐거운 여행을 함께 시작하자꾸나.

딸아이와 처음 만난 날 써본 시입니다. 작은아버지를 떠나보내고 얼마 지나지 않아 태어난 아이였습니다. 통상 10개월이라는 임신 기간을 고려해보면, 한 생명이 꺼져가고 있을 때 새로운 생명이 움트고 있었던 것입니다.

공교롭게도 저 역시 소중한 사람을 떠나보낸 뒤 새롭게 소중한 사람을 맞이하며 소멸과 생성의 순환 가운데 서 있었습니다. 눈앞에서 생명이 꺼져가는 순간을 보았고, 생겨나는 장면을 목격했습니다. 유별난 생각일지 모르겠지만 스스로를 '지구별 여행자'로 정의해보았습니다. 돌아가신 작은아버지는 여행을 마친 것이고, 딸아이는 새롭게 여행을 시작하려는 참이란 생각이 들었습니다. 우리가 알지 못할 뿐 태어남과 마지막 순간은 정해져 있는 것일지 모릅니다. 설령 정해져 있지 않았다 하더라도 삶이라는 여정이 유한(有限)한 것만은 분명하고요. 그리고 여행지도 정해져 있습니다. 바로 지구라는 행성이죠. 그러므로 우리 모두는 지구별 여행 티켓을 끊은 여행자들이 되는 것입니다.

모든 여행자들에겐 일정한 시간과 공간이 주어집니다. 각자의 여행길에서 우리는 이런저런 인연으로 사람들을 만납니다. 어떻게 보면 대단히 낮은 확률이죠. 만약 다른 도시에 태어났더라면? 만약 다른 학교에 진학했다면? 만약 다른 선택을 했더라면 등…. 무수히 많은 선택지들 가운데 하나를 선택했고, 그 선택들이 지금의 나를 빚어낸 것입니다. 지금 우리 옆에 있는 사람 역시 마찬가지입니다. 나의 소중한 시간과 공간을 함께 나눠 쓰는 사람이 소중하지 않을 리 없습니다. 그 사람역시 무수히 많은 선택들을 하고 삶의 고비를 넘어 지금 나와 마주하고있는 것일 테니까요.

각자도생의 시대라고 하지만 우리는 사실 알고 있습니다. 혼자서는 결코 살아낼 수 없다는 것을. 인류는 소통과 공감을 통해 문명을 발전시켜 왔습니다. 도도한 역사의 강물에서 비켜날 수는 없습니다. 이 거

대한 흐름은 우리가 서로 믿고 의지하며 살아가야 한다는 교훈을 주고 있습니다. 사회가 점차 개인화되고, 각자도생이 만연하게 된다 해도 결국엔 소통과 공감의 시대가 중요시될 것이라 믿습니다. 즐거운 때도 있겠지만 마냥 즐거울 수만은 없는 것이 인생이라는 여행길입니다. 힘들고 지치는 순간은 옵니다. 그럴 땐 손을 내밀어 두 손 맞잡고 나아갑시다. 여행길이 한결 수월해질 것입니다.

사회의 일원이 되지 않는 존재가 있다면,
그것은 짐승이거나 신이다.

– 아리스토텔레스

05
≋

우리는 이미
누군가의 멘토다

우리는 모두 누군가의 부모이거나 적어도 누군가의 자녀입니다. 멘토링의 정의가 '경험과 지식이 풍부한 사람이 멘티에게 지도와 조언을 하면서 실력과 잠재력을 향상시키는 것'이라고 할 때, 우리 모두는 멘토링을 떠나 살 수 없습니다. 태어난 순간부터 부모와 관계를 맺고 그들을 모방하면서 말과 글을 익히고, 부모의 보살핌을 벗어나면 사회 구성원으로서의 역할을 부여받습니다. 특정 집단의 구성원이 되면 기존에 있던 멤버들로부터 또다시 많은 것들을 배워야만 합니다. 선임자들의 지도와 조언을 받으면서 무사히 적응 과정을 마쳐야만 집단의 구성원으로 인정받을 수 있습니다. 이처럼 누구에게나 멘토는 필요한 것입니다. 그리고 누구나 멘토링을 받아야만 합니다. 개인에 따라 멘토링에 대한 선호도 차이는 있겠지만 누구든 다른 사람에게서 배우는 과정을 거치지 않을 수는 없습니다. 다양한 모습을 하고 있는 멘토링은 어쩌면 우리가 사회의 일원인 한 피할 수 없는 과정이기도 합니다.

누군가의 부모라면 그 사람은 이미 멘토입니다. 아이는 부모를 비추는 거울이라고 하죠. 그만큼 자녀들은 부모의 영향을 많이 받으면서 자랍니다. 여러 사람이 있는 공간에서 생리현상(하품. 트림. 방귀 등)을 거리낌 없이 하는 사람이 있습니다. 가끔은 스스로의 눈과 귀를 의심할 정도입니다. 내가 잘못 들었을 거라며 애써 담담한 척하지만 같은 직장에서 근무하거나 하루 중 많은 시간을 함께 보내야 하는 사람 가운데 이러한 이가 있다면 그야말로 고역입니다.

실제로 최악의 시간을 경험했던 적이 있습니다. 직장 상사 중 한 분이 방귀를 아주 난사하는 겁니다. 개인이 알아서 적당히 처리해야 하는 걸 가끔은 힘을 주면서(?)까지 배출하곤 했습니다. 옆에 부하직원과 동료들이 앉아 있는데도 아주 안하무인입니다. 그러한 행동에서 타인에 대한 배려와 존중을 찾아볼 수 있을 리 없습니다. 오십이 넘은 나이에도 거리낌 없이 그런 행동을 하는 데는 분명한 원인이 있을 것입니다. 저는 이런 경우 집안 멘토링의 부재(不在)에서 그 원인을 찾습니다. 아마도 그분은 어렸을 적 생리현상에 대해 부모로부터 아무런 주의도 받지 못했을 가능성이 높습니다. 만약 그런 상황에서 부모가 적절한 지도와 조언을 했었더라면 오늘의 참사(주변 동료들이 겪는 피해와 고통)는 없었을 것입니다. 아이가 어릴 적에 다른 사람들에게 폐 끼치는 행동을 한다면 부모로서는 적절히 주의를 줄 필요가 있습니다. 한데 우리 아이기 죽일 수 없다는 이유로 방치해둔다면 먼 훗날의 참사(향후 그의 주변인들이 겪게 될 피해와 고통)를 피할 수 없을 것입니다. 자녀는 부모를 비추는 거울이요, 부모는 자녀의 멘토입니다. 자녀들이 독립된 인격체로서 바르게 성장할 수 있도록 멘토링을 해야 합니다.

누군가의 자녀여도 그 사람은 멘토입니다. 멘토의 정의가 멘티에 비해 경험과 지식이 많은 사람이지만 경험과 지식은 나이에 비례하지 않습니다. 대부분의 경우 나이가 많을수록 경험과 지식이 풍부하다고 생각할 수 있겠지만 분업화가 진전된 현대사회에서는 꼭 그렇지만도 않습니다. 특정 분야에 대해 자녀 세대가 부모 세대보다 앞서는 부분이 있을 수 있습니다. 다양한 SNS가 활용되는 요즘 세상에서 부모 세대는 자녀 세대에 비해 아무래도 사용이 서툴 것입니다. SNS를 통한 소통이 강화되는 추세를 거스를 수 없는 만큼 자녀들이 부모에게 SNS 멘토링을 해줄 수도 있습니다. 근래 시들해졌지만 한때 싸이월드의 인기가 대단했었죠. 사이버 공간에서 도토리 줍기가 유행하고, 가까운 사람들과 '일촌' 맺기에 분주했습니다. 일촌이 맺어지면 즐겨찾기처럼 서로의 친구 목록에 등록되며 방문이 더욱 용이해집니다. 일촌 신청을 보내고 상대가 수락을 해야 맺어질 수 있는데, 한 번은 친구의 아버지께서 친구에게 일촌 신청하는 걸 본 적이 있었습니다. 실제로도 일촌 관계인데 사이버 공간에서도 일촌 관계를 맺고 싶으셨나 봅니다. 싸이월드 자체도 아마 친구가 아버지에게 알려주는 과정이 있지 않았을까, 그런 장면은 상상만 해도 훈훈해집니다.

전형적인 베이비부머 세대인 우리 부모님들과 에코 세대인 우리들 사이에는 이런 분야가 특히 많을 것입니다. 베이비부머는 에코-베이비부머를 키워내기 위해 자신들의 희생을 감내한 측면도 있습니다. 본인의 가방끈은 짧을지언정 자녀들은 어떻게 해서든 대학에 보낸 분들이 우리 부모님 세대입니다. 과도한 교육열이 사회적 문제가 될 정도이지만, 부존자원이 빈약한 우리나라가 경제 규모면에서 세계 10위권에 오를 수 있었던 것은 교육열에 기인한 바가 큽니다. 실제로 베이비부머 세대에 비해 에코 세대의 학력 수준은 평균적으로 높은 편입니다. 부모의 헌신과 노력으로 자녀가 잘 자랐다면, 자녀는 언제든지 부모를 위한 멘토링이 준비되어 있어야 합니다. 거창한 내용이 아니더라도 SNS 사용법을 친절히 알려드리는 것부터 시작할 수 있을 것입니다.

관계는 존재에 선행합니다. 생겨나는 모든 것은 관계 다음에 이루어지며 우리들 또한 부모님과 관계 안에서 존재할 수 있듯이 태어나는 순간부터 관계 속에 있습니다. 부모와 자녀의 관계는 숙명적인 인연의 끈입니다. 함부로 바꾸는 것이 쉽지 않습니다. 우리는 어느 정도 성장하고 나서 관계 맺기에 나선다기보다는 태어나자마자 관계에 놓인다고 보는 관점이 옳습니다. 모든 사람은 태어나는 순간 부모자녀의 관계를 맺게 되며, 자녀들은 부모의 보살핌 없이는 제대로 자랄 수 없기 때문입니다. 우리는 모두 누군가의 부모이거나 누군가의 자녀입니다. 누군가의 부모라면 그 사람은 멘토이고, 누군가의 자녀여도 그 사람은 멘토입니다. 따라서 우리 모두는 이미 누군가의 멘토라 할 수 있죠. 멘토 되기가 피할 수 없는 과정이라면 제대로 역할을 수행해보는 것도 좋은 경험이 될 것입니다.

어느 누구도 혼자서 성공할 수는 없다.
누구도 혼자서 성공했던 적은 없다.
그리고 우리가 눈치채지 못하고 있을 뿐
우리는 모두 누군가에게 멘토이다.

– 오프라 윈프리

에필로그

함께 길 떠나는 사람들에게

몇 번이나 망설였습니다. 나의 작은 생각과 경험이 원고가 될 수 있을까? 부끄러운 마음도 없지 않았어요. 몇 번이고 책상 밑으로 들어가려던 원고를 애써 꺼내게 만든 건 나의 뒤를 이어올 후배들과 아이들이 눈에 밟혀서였습니다.

저는 지금 아름다운 행성 지구에 여행을 왔고, 멘토링은 우연히 얻게 된 고마운 행운이라고 생각합니다. 지금, 또는 훗날 지구별에 머물러 있는 사람들에게 조금이라도 보탬이 될 수 있다면 용기를 내야겠다고 다짐했습니다. 기록으로 남겨 알림으로써 한 사람이라도 더 구할 수 있는 건

지구별 여행권이라는 티켓을 가졌던 행운에 대한 보답이라 생각합니다. 어쩌면 지난 십 년간 안전관리 분야에 종사하며 키워진 직업병 같은 것일지도 모르겠지만 어쨌든 멘토링은 누군가의 삶을 살리기 위해 시작했습니다. 그러나 어느 순간 제 자신이 살기 위해 하고 있었습니다. 멘티를 위한 일을 한다고 생각했는데, 나 자신을 위한 일이 된 것입니다.

멘티들과 대화하고 나의 젊은 시절을 돌아보며 다시 가슴이 뛰는 것을 느꼈습니다. 또한 무심코 지나쳤을 법한 일상의 순간순간 멘티들을 떠올리며 생명력을 얻기도 했습니다. 무료한 일상에서 삶을 길어 올렸습니다. 멘티들에게 전하는 말들은 제 가슴에도 각인되었습니다. 가령 '삶은 연속된 5분'이라는 도스토옙스키의 메시지를 혼자 듣고 이해하는 것과 이를 전달하는 것에는 많은 차이가 있었습니다. 정작 나 자신은 삶을 연속된 5분처럼 대하였는가? 이 질문에 확신할 수 없었습니다. 하지만 제가 알고 있던 얘기들을 전함으로써 그 메시지가 담고 있는 본질에 조금씩 다가서고 있음을 느낍니다. 학습에 있어서도 가장 효과적인 방법은 듣고 이해한 걸 다른 이에게 전달하는 것이라고 합니다.

멘토링은 그 과정 자체로 모든 구성원들에게 도움이 됩니다. 제대로 이끌어간다면 말이죠. 멘델의 유전 법칙으로 알려진 그레고어 멘델

(1822~1884)은 불우한 어린 시절을 보냈습니다. 멘델이 어려운 환경에 굴하지 않고 훗날 유전학에 거대한 족적을 남길 수 있었던 데는 슈라이버 신부와 프란츠 학장이라는 두 멘토의 절대적인 도움 덕분이었습니다. 슈라이버 신부는 어린 멘델의 가능성과 재능을 먼저 알아보고 멘델의 아버지를 설득해 학교에 진학할 수 있도록 해주었고, 프란츠 학장은 멘델에게 필요한 서적을 구해다주는 한편 성 아우구스티누스 수도원에 입학 추천서를 작성해줍니다. 만약 이 두 멘토의 도움이 없었다면 우리는 '멘델의 법칙'을 만나지 못했을지도 모릅니다. 멘델처럼 위대한 발견까지는 아닐지라도 우리 모두는 세상 속에서 저마다의 역할을 가지고 있습니다. 자신의 자리를 지키면서 본인의 작은 경험과 지식이 도움될 만한 곳을 찾아보는 건 의미 있는 일입니다. 도움 주는 존재가 됨으로써 도움받는 존재가 될 수 있습니다. 이때 받는 도움이 크게는 가장 근원적인 '생명력'을 다시 얻는 일일 수 있습니다. 저의 경우는 그랬습니다.

2017년 2월, 사무실 자리 배치를 새롭게 하며 조그마한 화분을 하나 장만했습니다. 여태껏 뭐 하나 제대로 키워내본 적이 없었습니다. 집에서 사라져간 구피가 손가락만으론 헤아리기 어려울 정도였습니다. 하지만 자리를 옮기면서 새로운 각오로 당찬 포부를 다졌습니다. '이번만은 제대로 키워보리라!' 어느덧 이 식물과 2년을 넘게 함께하고 있습니다.

역시 키워내는 재주는 없는지 다른 화분처럼 싱싱하고 풍성하진 않지만 그래도 죽을 듯 말 듯 꺼져가는 생명의 불씨를 지켜가다 보니 매년 한두 잎씩 자라나기 시작했습니다. 잎이 져버릴 때도 있지만 새로운 잎이 피어날 때도 있습니다. 좁쌀만 한 크기의 새싹이 자라나는 과정을 보는 건 무척 신비롭고 흥미로운 일이었습니다. 제가 키워낸 한 생명체가 아무것도 없는 데서 피어나 진공을 메우고 있었습니다.

저 역시 아무것도 없는 데서 피어났습니다. 그리고 한때 존재했다가 언젠가 다시 아무것도 아닌 것이 될 것입니다. 우리 모두 아무것도 아닌 데서 피어났다가 다시 아무것도 아닌 것으로 되돌아갑니다. 진공을 밀어내고 자리를 차지하였지만 한순간일 뿐, 언젠가 사라지고 맙니다. 그러나 우리가 사라지더라도 그 뒤에 오는 사람들이 다시 자리를 메울 것입니다.

우리는 관계를 피해서 살 수 없습니다. 어쩌면 존재의 숙명일지 모르죠. 존재하는 한 서로 영향을 주고받습니다. 하루 종일 방에서 혼자 지낸다 하더라도 최소한 물을 마시고, 화장실에 갑니다. 물 또는 변기 제작자들과 삶의 영향력을 주고받는 것입니다. 다소 억지스러울 수 있지만 틀린 말은 아닙니다. 우리는 관계 속에 있지만 또한 저마다의 길 위에 서 있습니다. 자신이 젊어진 보따리를 등에 업고 가야만 하는 여행자인 것입니다. 보따리 안에는 슬픈 일도 있지만 기쁜 일도 있고, 어려운 일도 있겠지만 해볼 만한 일도 있습니다. 울 날도 많겠지만 웃을 날은 더 많습니다. 관계 속에 피어나는 살아야 할 이유를 찾아 각자의 짐을 당당하게 짊어지고 나갑시다.

니체로 시작하여 니체로 마무리합니다.

몇 번이라도 좋다! 이 끔찍한 생이여, 다시 한 번!

— 프리드리히 니체